위대한 매일 영어 회화 어휘: 쌩1

지은이 오석태
초판 1쇄 인쇄 2018년 1월 10일
초판 1쇄 발행 2018년 1월 23일

발행인 박효상 **총괄 이사** 이종선 **편집장** 김현 **기획·편집** 김효정, 김설아 **디자인** 김보연
디자인 싱타디자인 고희선
마케팅 이태호, 이전희 **디지털콘텐츠** 이지호 **관리** 김태옥

종이 월드페이퍼 **인쇄·제본** 현문자현

출판등록 제10-1835호 **발행처** 사람in **주소** 121-839 서울시 마포구 양화로 11길 14-10 (서교동) 4F
전화 02) 338-3555(代) **팩스** 02) 338-3545 **E-mail** saramin@netsgo.com
Homepage www.saramin.com

책값은 뒤표지에 있습니다.
파본은 바꾸어 드립니다.

ⓒ 오석태 2018

ISBN
978-89-6049-654-5 14740
978-89-6049-631-6 (세트)

사람이 중심이 되는 세상, 세상과 소통하는 책 사람in

위대한
매일 영어

매일 하면 위대해집니다

회화 어휘 쌩1

아침부터 밤까지 언제라도 막힘없이!
회화에서 무지 많이 쓰는 어휘 〈쌩〉이라고 해.

오석태 지음

사람in

머리글

기초, 중급, 고급의 어휘 기준, 바뀌어야 한다

영어 어휘 책입니다.

많은 분들이 영어 어휘를 왜 배워야 하는지 제대로 생각해 본 적이 없는 것 같습니다. 그저 영어 어휘를 많이 알아야 영어를 잘할 수 있다는 누군가의 말에 휘둘려 무작정 어휘를 외웠겠지요. 아님, 시험에 어휘 문제가 나온다니까 무작정 외웠거나 어휘를 많이 알아야 영문독해가 가능할 것 같다는 생각에 또 무작정 외웠거나, 뭐 그런 거라고 대답하겠지요.

어휘는요, 말을 제대로 하기 위해서 배워야 합니다. 어휘는요, 글을 제대로 읽기 위해서 배워야 합니다. 어휘는요, 무작정 외우는 게 아니라 제대로 이해하고 받아들이는 겁니다. 그 이해를 바탕으로 꾸준한 연습 끝에 자연스레 기억의 한 자리를 차지하게 만들어야 합니다. 무작정 암기한 어휘는 영어 실력 향상에 어떠한 도움도 주지 못합니다.

이렇듯 중요한 영어 어휘를 접근할 때는 그 어휘가 실생활에서 얼마나 자연스럽게 활용되고 있는가에 초점이 맞춰져야 합니다. 어휘 그 자체가 중심이 아니라 실제 활용 중심이라는 겁니다. 활용성 없는 어휘를 무작정 익히는 것은 정말 무의미합니다. 그리고 그 어휘는 어휘 자체로 독립된 모습이 아니라 문장의 한 요소로 우리에게 와야 합니다.

문장 없는 어휘는 정말 쓸모 없습니다. 우리가 어휘를 학습하는 이유는 1차적으로 영어로 말하기 위해서입니다. 그 말은 지금 당장이라도 내가 사용할 수 있는 것이어야 합니다. 활용도 높은 어휘를 활용성이라고는 전혀 없는 문장에 포함시켜서 학습한다면, 그것만큼 참 안타깝기 그지없는 것도 없습니다.

어디 가서 영어 쌩초보라고 말하는 내가 당장 일상에서 활용할 수 있는 어휘는 기초 어휘입니다. 지금 당장 일상에서 활용할 수 있는 영어 문장은 기초 문장입니다. 기초 문장이 꼭 I am a boy. 같은 게 아닙니다. 내겐 비록 생소한 어휘와 문장이어도 그것이 일반적으로 대화 속에 자연스럽게 나오는 문장이라면 그건 무조건 기초 문장입니다. 어휘와 문장의 기초와 중급, 또는 고급의 구별은 내가 그것들을 이미 알고 있는지의 여부가 아니라 그것들이 얼마나 자주 활용되는가가 기준이어야 합니다. 내가 오래 전부터 알고 있던 어휘가, 그래서 기초라고 생각했던 어휘가 실제로 그다지 활용빈도가 높지 않다면 그건 기초 어휘가 아닙니다. 그리고 그건 지금 내게는 쓸모 없는 어휘일 뿐입니다.

〈위대한 매일 영어 회화 어휘: 쌩〉 시리즈는 일상에서 늘 사용될 수 밖에 없는 어휘와 문장들로만 구성되어 있습니다. 우리에게 생소하게 느껴지는 어휘와 문장들이 많이 포함되어 있습니다. 하지만 그 상황에서는 그 어휘를, 그 문장을 사용할 수 밖에 없는 것들입니다. 그래서 활용빈도 최고의 문장들입니다. 그래서 기초 문장들입니다.

〈위대한 매일 영어 회화 어휘: 쌩〉 시리즈를 통해서 영어의 토대를 잡을 수 있습니다. 그리고 그 위에 개개인의 관심사에 따라 다양한 영어의 색을 입힐 수 있습니다. 이 책이 단순한 영어 어휘 기초 책이 아니라 영어 전체를 대변하는 기초 책이라 생각하고 1,200개 어휘와 문장을 내 것으로 만들기 위한 노력을 게을리 하지 않는다면 분명 상상 이상의 결과를 얻을 수 있을 겁니다.

영어, 잡으십시오. 그리고 영어를 날개 삼아 꿈을 실현시키십시오.

저자 오석태

왜 〈위대한 매일 영어〉여야 하는가?

〈위대한 매일 영어〉 카테고리

**위대한 매일 영어
쌩**

정말 영어 쌩초짜들을
위한 3無(부담, 압박, 진땀) 책
쌩1: 만인 평등 필수 표현
쌩2: 상황별 회화 필수 패턴
쌩3: 장소별 회화 필수 패턴
회화 어휘: 쌩1
회화 어휘: 쌩2

**위대한 매일 영어
쫌**

영어를 아주 못하진 않지만
'쫌' 하는 것과는 거리가 살짝 먼
사람들을 위한 고육지책
쫌1
쫌2

**위대한 매일 영어
꽤**

영어 쫌 한다는 말을 수시로 듣지만
자기만족 5% 부족한 독자들의 필독서
(근간 예정)

매일 느끼는 꾸준한 성취감!

어렸을 때, 매일매일 집으로 날아오던 일일공부 한 장의 추억, 다들 조금씩은 있죠? 사람들에게 일일공부 학습지에 대한 추억을 물어보면 대개 '좋았다', '괜찮았다' 라고 대답합니다. 이렇게 일일공부 학습지에 대한 추억이 시간이 흐른 후에도 나쁘지 않은 건, 어렵지 않으면서 분량도 부담스럽지 않아 단번에 풀고 나가 놀 수 있기 때문이었을 거예요. 또 앉은 자리에서 끝내니까 성취감도 느낄 수 있고, 매일매일 하다 보니 뭔가 머릿속에 쌓이는 것 같기도 하고요. 그렇습니다. 이 일일공부가 우리들 뇌리에 좋은 이미지로 자리잡을 수 있었던 이유는 꾸준하게 성취감을 느끼게 했기 때문입니다. 이 꾸준한 성취감을 영어에서 느껴 보게 하면 사람들이 영어를 잘, 제대로 하지 않을까 생각하며 기획한 것이 바로 〈위대한 매일 영어〉입니다. 한마디로, 영어 일일공부 성인 판인 셈이지요.

언제까지 I'm happy.만 할 것인가!

어휘 공부한다는 얘기 좀 하려면 시대를 풍미했던 〈Vocabulary 22000〉정도는 봐 줘야 한다고 생각하십니까? 미국 유학 가서 논문 쓰지 않을 거라면, 페이지 빡빡한 전문 서적을 읽을 게 아니라면, 그저 원어민들이 하는 얘기를 제대로 알아듣고, 이왕 하는 얘기 정확하게 하고 싶어서 어휘 공부를 할 거라면 어휘 공부에 관한 생각 자체를 확 바꿔 보십시오.

머리말에도 적었지만, 영어로 말을 제대로 하고 싶으면 말의 가장 기본이 되는 어휘를 제대로 해야 합니다. 이 제대로 한다는 건, 어휘 하나에 실용성 제로인 예문으로 공부하는 게 아닙니다. 그 어휘를 써서 말할 수 밖에 없는, 실용미가 콸콸 넘치는 회화 문장으로 하는 걸 말합니다. 그래서 여기 나오는 모든 단어와 문장은 회화에서 지겹도록 자주 말해지는 것들만 추렸습니다.

누군가는 이렇게 말하기도 할 겁니다. "아니, 쌤 수준에서 너무 어려운 거 아닌가요?" 그럼 이렇게 묻겠습니다. "그럼 쌤이라고 맨날 I'm happy. Are you American? 이런 문장만 해야 할까요? 쌤 수준에서 배워야 하는 건 미국 유치원 아이들도 안 쓸 그런 문장이 아닙니다. 수준에 조금 벅차기는 하지만, 진짜 회화에서 쓰이는 문장과 그 어휘를 배워야 합니다.

이 책을 집으시는 분들, 잘하든 못하든 고등학교 졸업 때까지 들어온 영어 가락이 있으니 이 정도는 무리 없이 할 수 있을 겁니다. 그리고 아주 원어민 수준이 아니라면, 눈으로 읽고 해석은 해도 실제 사용에서는 제대로 말 못하는 사람들이 많아 똑같이 벅차할 테니 걱정하지 마세요. 오히려 의심을 버리고 여기서 하라는 대로 하다 보면 어정쩡한 자기 실력 믿고 오만한 사람들보다 실력이 더 늘 수 있습니다.

천천히 해 보십시오. 하루에 딱 소화할 만큼만 세심하게 고려하여 내놓은 것이 바로 〈위대한 매일 영어〉이니까요. 밀리지만 않고 하면 영어 실력 향상, 보장합니다!

100세까지 갈 영어 버릇 장착

여러분이 아마 어렸을 때는 일일공부 학습지를 5분도 채 되지 않게 무서운 속도로 집중하고 풀었을 것입니다. 지금은 성인이 되었으므로, 집중 시간을 45분으로 잡았습니다. 어린 시절의 일일공부가 앞뒤 두 페이지로 가뿐했다면 성인인 여러분께는 4페이지가 가뿐할 것입니다. 어릴 때 풀던 일일공부가 (그때는 우리가 잘 몰랐지만) 수리, 도형, 공감각력, 인지, 이해 각 분야를 로테이션하면서 다뤘다면 여러분이 접할 이 책에서는 어휘의 말하기, 쓰기, 듣기 영역까지 골고루 다룹니다.

이 책 한 권으로 영어가 완전히 해결된다는, 그런 말도 안 되는 거짓 공약은 하지 않습니다. 그렇지만 확실히 말씀드릴 수 있는 것은 이 책으로 하면 하루하루 영어에 관해 뭔가를 자신이 하고 있다는 성취감은 확실히 들 것입니다. 그렇게 매일 매일의 성취감이 쌓이면 여러분의 영어가 위대해지는 것이고요.

하나의 행동이 습관으로 굳어지는데 걸리는 시간이 21일, 3주라고 합니다. 매일 45분만 이 책에서 하라는 대로 해보세요. 그러면 하나는 보장합니다. 매일 영어를 하게 되는 습관이 들게 됩니다. 이 책의 최대 목표 중 하나가 바로 습관 들이기입니다. 습관 들이기에 성공했다고요? 영어의 반은 넘은 셈입니다. 나머지 절반은, 그대로 꾸준히 계속 열심히 하는 것입니다. 앞으로 계속 나올 〈위대한 매일 영어〉와 함께 말이죠.

KEY POINTS
▶ 꾸준히 일정 강도 이상을 넘어가게 하라!
▶ 임계점이 넘어가도록 공부를 습관화하라!
▶ 무엇보다도 매일 하는 것, 그 자체로 이미 당신은 위대하다!

〈위대한 매일 영어 회화 어휘: 쌩〉 구성과 학습법

〈위대한 매일 영어 회화 어휘: 쌩〉의 특징과 구성

1. 총 2권, 각 권 40일 분량 (하루 학습 분량에 따라 차이)
2. 부담없이 해낼 수 있는 정해진 학습량
3. 활용빈도가 엄청 높은 어휘와 실용 문장 선택
4. 기억이 오래 가는 반복 학습 구성
5. 보고 듣고 말하고 쓰기를 독려하는 적극적인 학습 액티비티

〈위대한 매일 영어 회화 어휘: 쌩〉 이런 사람들에게 딱!

★ 회화에 도움이 되는 단어 학습법 소망

★ 아는 단어는 많은데 활용도는 제로

★ 판에 박힌 예문에 질려 버림

★ I'm happy. You are a girl. 수준에서 벗어난 회화 구사 욕망 분출

UNIT별 구성과 학습법

아이들이 새로운 것을 배울 때 습득력이 어른보다 좋은 이유가 무엇인지 아시나요? 바로 가르쳐 주는 사람이 하라는 대로 잘 따라 하기 때문입니다. 여러분도 이 〈위대한 매일 영어 **회화 어휘: 쌩**〉 시리즈를 하게 될 때는 마치 어린 아이가 선생님 말씀을 듣고 하라는 대로 그대로 하는 것처럼, 책에서 하라는 대로 그대로 따라 하면 됩니다. '이런다고 뭐가 되겠어?'라고 의심을 가지지 마세요. 의심을 가지는 순간 아무것도 되지 않게 됩니다. 건승을 빕니다!

한 유닛당 15개의 필수 어휘와 그 어휘가 실제로 쓰이는 회화 문장이 수록돼 있습니다. 의미 단위로 / 를 넣어 다른 표현을 넣어 활용 가능합니다.

옆 페이지에 색 볼드로 나왔던 단어의 정확한 뜻, 특이한 사용법, 동사 변화 등을 상세히 표기했습니다.

HOW TO
영어 문장이랑 우리말 해석을 부담 없이 편안하게 쓰윽 읽어 보고 다섯 번만 쓰윽 들어보세요. 핵심은 부담없이 해야 한다입니다.

HOW TO
단어는 눈으로만 봐서는 안 됩니다. 옆의 빈칸에 큰 소리로 읽으면서 정성스럽게 딱 두 번만 써 보세요.

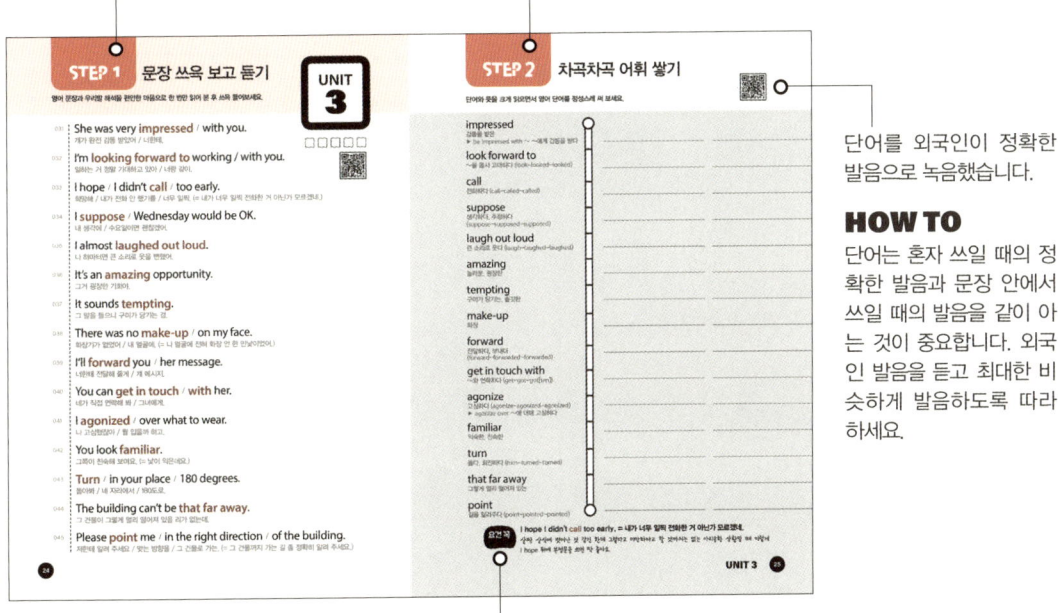

HOW TO
단어는 혼자 쓰일 때의 정확한 발음과 문장 안에서 쓰일 때의 발음을 같이 아는 것이 중요합니다. 외국인 발음을 듣고 최대한 비슷하게 발음하도록 따라 하세요.

옆 페이지에 나온 문장 중 단어 뜻만으로는 해석이 안 되거나 일상에서 활용빈도가 아주 높은 것들을 뽑아 설명합니다.

앞서 배운 어휘와 문장이 실제 회화에서는 어떻게 쓰이는지 확인합니다. 이를 통해 뉘앙스 등을 정확히 알 수 있습니다.

HOW TO
별색으로 표시된 우리말에 해당하는 영어 단어를 빈칸에 쓰세요. 다 쓴 다음, 한글로 표현된 다른 문장이 영어로 궁금할 때는 뒤에 나온 답지를 확인해 보세요. 이게 부담스럽다? 그럼 쿨하게 넘어가시면 됩니다.

두 사람의 대화를 실감나게 녹음했습니다.

HOW TO
앞서 배운 표현 뿐 아니라 주고받는 표현에서도 유용한 것이 굉장히 많습니다. 여러 번 듣고 확인하길 부탁드립니다.

이제는 한글만 보고 해당 영어 단어를 써 보는 겁니다.

HOW TO
무작위로 배열돼 있습니다. 정확한 영어 단어를 쓰고 제대로 쓰지 못한 단어가 나오면 그 단어는 따로 체크해 두었다가 다시 완전히 자기 것으로 익혀야 합니다.

알아두면 회화 실력이 더 늘 수 있는 문법 사항이나 중요한 내용을 수록했습니다.

영어가 어려운 건 동사변화형도 한몫 합니다. 우리말 동사 뜻을 보고 현재시제와 과거시제로 써 보세요.

HOW TO
규칙동사는 그렇게 어렵지 않습니다. 하지만 불규칙동사는 형태가 마음대로 변하기 때문에 반드시 자기 것으로 해 놔야 하지요. 틀리면 맞을 때까지 다시 확인하세요.

서로 비슷하지만 사용법이 조금씩 다른 단어, 철자는 같은데 뜻이 다른 단어, 발음은 같은데 뜻이 다른 단어 등 유용한 내용을 담았습니다.

차례

기초, 중급, 고급의 어휘 기준, 바뀌어야 한다	5
왜 〈위대한 매일 영어〉여야 하는가?	6
〈위대한 매일 영어 **회화 어휘: 쌩**〉 구성과 학습법	7
〈위대한 매일 영어 **회화 어휘: 쌩1**〉 스케줄러	12

UNIT 1	16	**UNIT 21**	104
UNIT 2	20	**UNIT 22**	108
UNIT 3	24	**UNIT 23**	112
UNIT 4	28	**UNIT 24**	116
UNIT 5	32	**UNIT 25**	120
REVIEW UNIT 1-5	36	REVIEW UNIT 21-25	124
UNIT 6	38	**UNIT 26**	126
UNIT 7	42	**UNIT 27**	130
UNIT 8	46	**UNIT 28**	134
UNIT 9	50	**UNIT 29**	138
UNIT 10	54	**UNIT 30**	142
REVIEW UNIT 6-10	58	REVIEW UNIT 26-30	146
UNIT 11	60	**UNIT 31**	148
UNIT 12	64	**UNIT 32**	152
UNIT 13	68	**UNIT 33**	156
UNIT 14	72	**UNIT 34**	160
UNIT 15	76	**UNIT 35**	164
REVIEW UNIT 11-15	80	REVIEW UNIT 31-35	168
UNIT 16	82	**UNIT 36**	170
UNIT 17	86	**UNIT 37**	174
UNIT 18	90	**UNIT 38**	178
UNIT 19	94	**UNIT 39**	182
UNIT 20	98	**UNIT 40**	186
REVIEW UNIT 16-20	102	REVIEW UNIT 36-40	190

ANSWERS STEP 3 실제로는 요래 쓰여요! 정답 & 해석	192
INDEX	214

〈위대한 매일 영어 **회화 어휘: 쌩1**〉
스케줄러

	1일차	2일차
Week 1 STUDY	UNIT **1 & 2**	UNIT **3 & 4**
review		UNIT **1 & 2** STEP 1, 3 낭독 2회/필사 1회
Week 2 STUDY	UNIT **11 & 12**	UNIT **13 & 14**
review	UNIT **9 & 10** STEP 1, 3 낭독 2회/필사 1회	UNIT **11 & 12** STEP 1, 3 낭독 2회/필사 1회
Week 3 STUDY	UNIT **21 & 22**	UNIT **23 & 24**
review	UNIT **19 & 20** STEP 1, 3 낭독 2회/필사 1회	UNIT **21 & 22** STEP 1, 3 낭독 2회/필사 1회
Week 4 STUDY	UNIT **31 & 32**	UNIT **33 & 34**
review	UNIT **29-30** STEP 1, 3 낭독 2회/필사 1회	UNIT **31 & 32** STEP 1, 3 낭독 2회/필사 1회

3일차	4일차	5일차
UNIT 5 & 6 REVIEW UNIT 1-5	**UNIT 7 & 8**	**UNIT 9 & 10** REVIEW UNIT 6-10
UNIT 3 & 4 STEP 1, 3 낭독 2회/필사 1회	**UNIT 5 & 6** STEP 1, 3 낭독 2회/필사 1회	**UNIT 7 & 8** STEP 1, 3 낭독 2회/필사 1회
UNIT 15 & 16 REVIEW UNIT 11-15	**UNIT 17 & 18**	**UNIT 19 & 20** REVIEW UNIT 15-20
UNIT 13 & 14 STEP 1, 3 낭독 2회/필사 1회	**UNIT 15 & 16** STEP 1, 3 낭독 2회/필사 1회	**UNIT 17 & 18** STEP 1, 3 낭독 2회/필사 1회
UNIT 25 & 26 REVIEW UNIT 21-25	**UNIT 27 & 28**	**UNIT 29 & 30** REVIEW UNIT 26-30
UNIT 23 & 24 STEP 1, 3 낭독 2회/필사 1회	**UNIT 25 & 26** STEP 1, 3 낭독 2회/필사 1회	**UNIT 27 & 28** STEP 1, 3 낭독 2회/필사 1회
UNIT 35 & 36 REVIEW UNIT 31-35	**UNIT 37 & 38**	**UNIT 39 & 40** REVIEW UNIT 36-40
UNIT 33 & 34 STEP 1, 3 낭독 2회/필사 1회	**UNIT 35-36** STEP 1, 3 낭독 2회/필사 1회	**UNIT 37 & 38** STEP 1, 3 낭독 2회/필사 1회

STEP 1 문장 쓰윽 보고 듣기

영어 문장과 우리말 해석을 편안한 마음으로 한 번만 읽어 본 후 쓰윽 들어보세요.

UNIT 1

001 **The light turned** / green.
신호등이 바뀌었어 / 녹색으로.

002 Can you **pick up speed**?
속도 좀 내면 안될까?

003 My hands are **moist** / with sweat.
나 손이 축축해 / 땀으로.

004 What **brings** you / here / so late?
뭐가 당신을 데려옵니까 / 여기로 / 이렇게 늦게? (= 이렇게 늦게 여긴 어쩐 일이세요?)

005 It was **a sigh of relief**.
그건 안도의 한숨이었어.

006 You must wear a **suit** / to an interview.
정장 입어야 해 / 면접에는.

007 Don't cut me off / **midsentence**.
말 끊지 마 / 말하는 도중에.

008 **Drop** me **off** / there.
나 좀 내려 줘 / 저기에.

009 He **deliberately** hung up.
그 사람이 일부러 전화를 끊었다니까.

010 It is **illegal** / to talk on a cell phone / while driving.
불법이지 / 휴대전화 통화하는 건 / 운전 중에.

011 He was **a big help** / to me.
그가 큰 도움이 되었어 / 내게.

012 My car is being **repaired**.
내 차 수리 받는 중이야.

013 There is not **a parking spot** / in the middle of the day.
주차할 곳이 없어 / 한낮에는.

014 His voice was a little **shaky**.
걔 목소리가 약간 떨렸어.

015 My confidence **increased** / slightly.
내 자신감이 올랐다니까 / 약간.

STEP 2 차곡차곡 어휘 쌓기

단어와 뜻을 크게 읽으면서 영어 단어를 정성스레 써 보세요.

turn
(~한 상태로) 바뀌다 (turn–turned–turned)
▶ 뒤에는 상태를 나타내는 말이 옴

pick up speed
속도를 올리다 (pick–picked–picked)

moist
촉촉한

bring
가져오다, 오게 하다
(bring–brought–brought)

a sigh of relief
안도의 한숨

suit
정장 ▶ 남성, 여성 정장에 다 씀

midsentence
말하는 도중에

drop A off
A를 (차에서) 내려주다
(drop–dropped–dropped)

deliberately
의도적으로, 일부러

illegal
불법적인, 불법인

a big help
큰 도움

repair
수리하다 (repair–repaired–repaired)
▶ be repaired 수리 받다

a parking spot
주차할 자리
▶ 주차장에서 자동차 주차할 공간을 의미

shaky
(병이나 감정, 노쇠로) 떨리는

increase
증가하다, 상승하다
(increase–increased–increased)

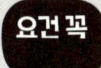 **What brings you here?** = 여긴 어쩐 일이세요? / 무슨 일로 오셨어요?
상황에 따라서 면접관이 "어떻게 이 회사에 지원하게 되었죠?"의 의미로 쓰기도 합니다. 평범한 상황에서 늘 쓰이는 표현입니다.

UNIT 1

STEP 3   실제론 요래 쓰여요!

우리말의 색깔 부분에 해당하는 영어 표현을 써 보세요. 정답과 영어 표현은 p.194.

1 A My hands are _____ with sweat.
      나 손이 땀으로 다 젖었네.
   B 티슈 필요해?

2 A 지금 한숨 쉰 거야?
   B It was _____. 안도의 한숨이었어.

3 A 뭘 입어야 하지?
   B You must wear a _____ to an interview.
      면접에는 정장을 입어야 해.

4 A Don't cut me off _____. 말하는 도중에 말 끊지 마.
   B 미안.

5 A He _____ hung up. 걔가 일부러 전화를 끊었다니까.
   B 정말 예의 없구나.

6 A It is _____ to talk on a cell phone while driving.
      운전 중에 휴대전화 통화는 불법이야.
   B 운전이 지루해서 그러지.

7 A He was _____ to me. 그가 내게 큰 도움이 되었어.
   B 듣던 중 반가운 소리네.

8 A 네 차 어디에 있어?
   B My car is being _____ at the dealership.
      내 차 영업소에서 수리 받는 중이야.

My car is being repaired.에서 being repaired는 뭘까요? 이렇게 be동사 뒤에 -ed가 붙은 형태가 나오면 주어가 스스로 뭘 하는 게 아니라 외부적 요인에 의해서 어떤 상태에 놓이게 되는 거예요. 이 문장에서는 repaired가 형용사로 쓰인 거랍니다. 형용사의 진행형은 그 앞에 being을 쓰게 되어 있지요. 그래서 <is + being + repaired> 형태가 나오게 된 거예요.

STEP 4 마무리

TEST 1 우리말 표현을 영어로 써 보세요.

정장	큰 도움	(~한 상태로) 바뀌다
촉촉한	불법적인	상승하다
말하는 도중에	속도를 올리다	일부러
(병이나 감정, 노쇠로) 떨리는	안도의 한숨	주차할 자리
수리하다	가져오다, 오게 하다	A를 (차에서) 내려주다

TEST 2 우리말 표현에 맞게 동사 변화를 주세요.

(~한 상태로) 바뀌다		(~한 상태로) 바뀌었다	
속도를 올리다		속도를 올렸다	
가져오다, 오게 하다		가져왔다, 오게 했다	
A를 (차에서) 내려주다		A를 (차에서) 내려줬다	
수리하다		수리했다	
증가하다		증가했다	

suit는 '정장'의 의미도 있고요, 옷 등이 '~에게 맞다, 어울리다'의 의미로도 쓰여요. 참고로 fit도 '~에게 맞다'인데, 이건 '사이즈가 맞다'의 뜻이고요, suit은 전체적인 분위기 등에 '어울리다, 맞다'의 뜻으로 차이가 있습니다.

UNIT 1

STEP 1 문장 쓰윽 보고 듣기

UNIT 2

영어 문장과 우리말 해석을 편안한 마음으로 한 번만 읽어 본 후 쓰윽 들어보세요.

016 I cannot **deal with** her / anymore.
난 저 여자 감당 못해 / 더 이상.

017 I **took pictures** / on your phone.
나 사진 찍었어 / 네 전화기로.

018 The job is not **high-paying**.
그 일은 보수가 안 높아.

019 It was **a quarter to two** / when I arrived.
2시 15분 전이었어 / 내가 도착했을 때.

020 It's **a long drive**.
거기 차로 한참 가.

021 I **pushed open** the door.
내가 문을 밀어서 열었지.

022 I'**m** not **used** / **to** this.
내가 익숙하지가 않아 / 이런 일에.

023 **Square** your shoulders.
어깨 좀 쫙 펴 봐.

024 I'm very good / at **judging** people.
나 아주 잘해 / 사람 판단하는 것.

025 Do you have any **interests** / outside your work?
뭐 관심 있는 것 있어요 / 일 외에?

026 If you work so hard, / what do you do / to **chill out**?
그렇게 열심히 일하면, / 뭘 해요 / 스트레스 풀게?

027 Don't let me / **keep you from** anything.
내가 하게 하지 마 / 네가 아무것도 못하게. (= 나 신경 쓰지 말고 하고 싶은 대로 해.)

028 I **have nothing to do** / **with** it.
난 아무 상관 없어 / 그거랑.

029 She's the most **influential** woman / in this field.
그녀가 가장 영향력 있는 여성이에요 / 이 업계에서.

030 He **avoided** meeting my eyes.
걔가 내 눈 마주치는 것도 피하던데 뭐.

STEP 2 차곡차곡 어휘 쌓기

단어와 뜻을 크게 읽으면서 영어 단어를 정성스레 써 보세요.

deal with
~을 감당하다, ~을 처리하다
(deal–dealt–dealt)

take pictures
사진을 찍다 (take–took–taken)

high-paying
보수가 많은

a quarter to two
2시 15분 전

a long drive
장거리 운전

push open
~을 밀어서 열다 (push–pushed–pushed)

be used to
~에 익숙하다
▶ 뒤에 〈동사-ing〉나 명사가 옴

square
똑바로 펴다 (square–squared–squared)

judge
판단하다 (judge–judged–judged)

interest
관심(사)

chill out
긴장을 풀다 (chill–chilled–chilled)

keep someone from
~가 …하는 것을 막다 (keep–kept–kept)

have nothing to do with
~와 관계가 없다 (have–had–had)

influential
영향력 있는

avoid
회피하다 (avoid–avoided–avoided)
▶ 행동을 피할 때는 뒤에 〈동사-ing〉형이 옴

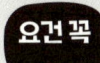 **요건 꼭**
It was a quarter to two. = 2시 15분 전이었어.
quarter는 '1/4'이에요. 60분의 1/4은 15분이죠? 2시로 가기까지 (to two) 1/4이 남았다는 거니까 2시 15분 전 즉, 1시 45분을 말해요. 참고로 2시에서 15분이 지난 건? a quarter past two라고 합니다.

UNIT 2 21

STEP 3 실제론 요래 쓰여요!

우리말의 색깔 부분에 해당하는 영어 표현을 써 보세요. 정답과 영어 표현은 p.194.

1   A 네가 그녀를 맡아서 해결하면 되잖아.
    B I cannot _____ her anymore.
      난 저 여자 더 이상 감당 못해.

2   A The job is not _____. 그 일이 보수가 안 높아.
    B 상관 없어.

3   A 너 언제 도착했어?
    B It was _____ when I arrived.
      나 도착했을 때 2시 15분 전이던데.

4   A It's a _____. 거기 차로 한참 가.
    B 그럼 어서 출발해.

5   A I'm not _____ this. 내가 이런 일에 익숙하지가 않아.
    B 곧 익숙해질 거야.

6   A I'm very good at _____ people.
      나 사람 판단하는 것 아주 잘해.
    B 속단하지 않게 조심해.

7   A Don't let me _____ you _____ anything. 나 신경 쓰지 말고 하고 싶은 대로 해.
    B 고마워요.

8   A I _____ it. 나 그 일이랑 아무 상관 없어.
    B 증거가 없잖아.

앞 문장에 나왔던 to, with, in, from, at 등의 단어를 영어에서는 전치사라고 불러요. 앞에 놓이는 말이라는 뜻인데요, 어떤 단어 앞에 놓일까요? 명사류 앞에 놓인다는 거지요. 명사 없이 전치사만 덩렁 혼자 쓰이는 경우는 절대 없습니다. 이 명사류에는 명사를 포함해서 대명사(그것도 me, you, them, us, her, him, it이요), 그리고 동명사가 있습니다. 동명사요? <동사-ing> 형태를 말합니다.

22

STEP 4 마무리

TEST 1 우리말 표현을 영어로 써 보세요.

긴장을 풀다	2시 15분 전	똑바로 펴다
회피하다	~을 감당하다, ~을 처리하다	~을 밀어서 열다
영향력 있는	장거리 운전	~와 관계가 없다
관심	판단하다	보수가 많은
사진을 찍다	~가 …하는 것을 막다	~에 익숙하다

TEST 2 우리말 표현에 맞게 동사 변화를 주세요.

감당하다		감당했다	
사진을 찍다		사진을 찍었다	
~을 밀어서 열다		~을 밀어서 열었다	
똑바로 펴다		똑바로 폈다	
~와 관계가 없다		~와 관계가 없었다	
긴장을 풀다		긴장을 풀었다	
~가 …하는 걸 막다		~가 …하는 걸 막았다	

 〈used to+동사원형〉은 '(지금은 그렇지만) 예전에 ~하고는 했었다'의 의미고요, 〈be used to+명사/동명사〉는 '~에 익숙한 상태이다'의 뜻이에요.

UNIT 2

STEP 1 문장 쓰윽 보고 듣기

영어 문장과 우리말 해석을 편안한 마음으로 한 번만 읽어 본 후 쓰윽 들어보세요.

UNIT 3

031   She was very **impressed** / with you.
      걔가 완전 감동 받았어 / 너한테.

032   I'm **looking forward to** working / with you.
      일하는 거 정말 기대하고 있어 / 너랑 같이.

033   I hope / I didn't **call** / too early.
      희망해 / 내가 전화 안 했기를 / 너무 일찍. (= 내가 너무 일찍 전화한 거 아닌가 모르겠네.)

034   I **suppose** / Wednesday would be OK.
      내 생각에 / 수요일이면 괜찮겠어.

035   I almost **laughed out loud**.
      나 하마터면 큰 소리로 웃을 뻔했어.

036   It's an **amazing** opportunity.
      그거 굉장한 기회야.

037   It sounds **tempting**.
      그 말을 들으니 구미가 당기는 걸.

038   There was no **make-up** / on my face.
      화장기가 없었어 / 내 얼굴에. (= 나 얼굴에 전혀 화장 안 한 민낯이었어.)

039   I'll **forward** you / her message.
      너한테 전달해 줄게 / 걔 메시지.

040   You can **get in touch** / **with** her.
      네가 직접 연락해 봐 / 그녀에게.

041   I **agonized** / over what to wear.
      나 고심했잖아 / 뭘 입을까 하고.

042   You look **familiar**.
      그쪽이 친숙해 보여요. (= 낯이 익은데요.)

043   **Turn** / in your place / 180 degrees.
      돌아봐 / 네 자리에서 / 180도로.

044   The building can't be **that far away**.
      그 건물이 그렇게 멀리 떨어져 있을 리가 없는데.

045   Please **point** me / in the right direction / of the building.
      저한테 알려 주세요 / 맞는 방향을 / 그 건물로 가는. (= 그 건물까지 가는 길 좀 정확히 알려 주세요.)

STEP 2 차곡차곡 어휘 쌓기

단어와 뜻을 크게 읽으면서 영어 단어를 정성스레 써 보세요.

impressed
감동을 받은
▶ be impressed with ~ ~에게 감동을 받다

look forward to
~을 몹시 고대하다 (look–looked–looked)

call
전화하다 (call–called–called)

suppose
생각하다, 추정하다
(suppose–supposed–supposed)

laugh out loud
큰 소리로 웃다 (laugh–laughed–laughed)

amazing
놀라운, 굉장한

tempting
구미가 당기는, 솔깃한

make-up
화장

forward
전달하다, 보내다
(forward–forwarded–forwarded)

get in touch with
~와 연락하다 (get–got–got[ten])

agonize
고심하다 (agonize–agonized–agonized)
▶ agonize over ~에 대해 고심하다

familiar
익숙한, 친숙한

turn
돌다, 회전하다 (turn–turned–turned)

that far away
그렇게 멀리 떨어져 있는

point
길을 알려주다 (point–pointed–pointed)

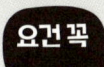 **I hope I didn't call too early.** = 내가 너무 일찍 전화한 거 아닌가 모르겠네.
살짝 상식에 벗어난 것 같긴 한데 그렇다고 미안하다고 할 것까지는 없는 아리송한 상황일 때 이렇게 I hope 뒤에 부정문을 쓰면 딱 좋아요.

UNIT 3

STEP 3 실제론 요래 쓰여요!

우리말의 색깔 부분에 해당하는 영어 표현을 써 보세요. 정답과 영어 표현은 p.195.

1 A 그녀는 내가 어떻다고 생각했을까?
   B She was very _____ with you.
   걔가 너한테 완전 감동 받았어.

2 A I'm _____ working with you.
   너랑 같이 일하는 거 정말 기대된다.
   B 나도 그래.

3 A I almost _____.
   나 하마터면 큰 소리로 웃을 뻔했어.
   B 걔 진짜 웃기는 애야.

4 A It's an _____ opportunity. 그거 굉장한 기회야.
   B 그렇게 생각해?

5 A It sounds _____. 그 말 들으니까 구미가 당기네.
   B 네가 마음에 들어할 줄 알았어.

6 A Sarah가 너한테 메시지 보냈어?
   B Yes. I'll _____ you her message.
   응. 너한테 걔 메시지 전달해 줄게.

7 A You can _____ her. 네가 걔한테 직접 연락해 봐.
   B 나 걔 전화번호 몰라.

8 A You look _____. 낯이 익네요.
   B 어느 대학교 나오셨어요?

You can ~.만 보면 '너는 ~할 수 있다'로만 해석하는 건 이제 그만. 물론 그렇게 해석해야 할 때도 있지만, 권유하듯 '허락하는 것'일 수도 있고, 가능성을 말할 때도 있어요. 틀에 얽매이지 않는 것, 이거 영어 공부할 때 중요합니다.

STEP 4 마무리

TEST 1 우리말 표현을 영어로 써 보세요.

전화하다	놀라운	화장
돌다, 회전하다	구미가 당기는	길을 알려주다
익숙한, 친숙한	생각하다, 추정하다	감동을 받은
그렇게 멀리 떨어져 있는	고심하다	전달하다, 보내다
~을 몹시 고대하다	큰 소리로 웃다	~와 연락하다

TEST 2 우리말 표현에 맞게 동사 변화를 주세요.

~을 몹시 고심하다		~을 몹시 고심했다	
길을 알려주다		길을 알려줬다	
생각하다, 추정하다		생각했다, 추정했다	
큰 소리로 웃다		큰 소리로 웃었다	
전달하다		전달했다	
~와 연락하다		~와 연락했다	
돌다, 회전하다		돌았다, 회전했다	

look(~하게 보이다), sound(~하게 들리다) 뒤에는 상태를 나타내는 단어가 온다는 것, 꼭 기억하세요. 영어 문장 보다 보면 정말 심심치 않게 나옵니다.

ex> You look pretty. 너 예뻐 보인다. (look 뒤에 '예쁜'이라는 pretty가 옴)
　　 The idea sounds good. 그 아이디어가 좋게 들린다. (sound 뒤에 '좋은' 이라는 good이 옴)

UNIT 3

STEP 1 문장 쓰윽 보고 듣기

영어 문장과 우리말 해석을 편안한 마음으로 한 번만 읽어 본 후 쓰윽 들어보세요.

046　I pushed the **revolving door** / to enter.
　　나는 회전문을 밀고 / 들어갔어.

047　Jane looked remarkably **haggard**.
　　Jane 완전 초췌해 보이더라.

048　It is **worth** / the wait.
　　그건 가치가 있지 / 기다릴 만한.

049　I **struggled** / to remain calm.
　　나는 이를 악물며 애썼어 / 냉정을 잃지 않으려고.

050　My son's got my **temper**.
　　아들놈이 (걸핏하면 화내는) 내 급한 성질을 닮았다니까.

051　**Pull** a piece of paper / from the desk.
　　종이 한 장 꺼내 봐 / 책상에서.

052　It was a **frigid** winter afternoon.
　　몹시 추운 겨울 오후였어.

053　It is such an **awesome** job!
　　그거 진짜 끝내주는 일인데!

054　**Pull over** / at a deli.
　　차 좀 잠깐 세워 줘 / 델리에.

055　I **made it** downtown / an hour later.
　　나 시내에 도착했어 / 한 시간 후에.

056　I was **unaware** / that she was watching me.
　　나 전혀 몰랐어 / 걔가 나 쳐다보고 있는 줄.

057　I need to go / to the **bathroom**.
　　나 가야겠어 / 화장실에 좀.

058　I don't **tolerate** / anyone who smokes.
　　난 못 참아 / 담배 피우는 사람은 누구든.

059　I had a **hectic** day.
　　난 정신 없이 바쁜 하루를 가졌어. (= 오늘 하루 정말 정신 없이 바빴어.)

060　Are you **out of your mind**?
　　너 지금 제정신이야? / 너 미쳤어?

STEP 2 차곡차곡 어휘 쌓기

단어와 뜻을 크게 읽으면서 영어 단어를 정성스레 써 보세요.

revolving door
회전문

haggard
초췌한

worth
~할 만한 가치가 있는
▶ 뒤에 바로 명사나 〈동사 -ing〉가 옴

struggle
애쓰다, 몸부림치다
(struggle–struggled–struggled)

temper
걸핏하면 화내는 성질

pull
당기다, 끌다 (pull–pulled–pulled)

frigid
몹시 추운

awesome
끝내주는, 대단한

pull over
차를 대다 (pull–pulled–pulled)

make it
도착하다 (make–made–made)

unaware
~을 알지 못하는
▶ be unaware that ~ ~을 모르다

bathroom
(가정집의) 화장실

tolerate
참다 (tolerate–tolerated–tolerated)

hectic
정신 없이 바쁜

out of one's mind
미친, 제정신이 아닌

 I **made it** downtown an hour later. = 나 한 시간 후에 시내에 도착했어.
make it을 '그것을 만들다'라고 해석하지 않도록 하세요. '도착하다', '어떤 일을 해내다', '성공하다'의 의미로 굉장히 자주 쓰인답니다.

UNIT 4

STEP 3 실제론 요래 쓰여요!

우리말의 색깔 부분에 해당하는 영어 표현을 써 보세요. 정답과 영어 표현은 p.195.

1　A　Jane looked remarkably _____.
　　　Jane 완전 초췌해 보이더라.
　　B　걔 3일 동안 아파서 누워 있었잖아.

2　A　It is _____ the wait. 그거 기다릴 만해.
　　B　이미 한 달이나 기다리고 있다.

3　A　I _____ to remain calm.
　　　나 냉정을 잃지 않으려고 이를 악물며 애썼어.
　　B　잘했어.

4　A　_____ a piece of paper from the desk.
　　　책상에서 종이 한 장만 꺼내 줘 봐.
　　B　여기 있어.

5　A　It is such an _____ job! 그거 진짜 끝내주는 직업이네!
　　B　하지만 난 별로야.

6　A　I _____ downtown an hour later.
　　　나 한 시간 후에 시내에 도착했어.
　　B　차 별로 없었어?

7　A　I need to go to the _____. 나 화장실에 좀 가야 해.
　　B　문 밖으로 나가서 오른쪽으로 가.

8　A　I don't _____ anyone who smokes.
　　　난 담배 피우는 사람은 누구든 못 참아.
　　B　너 담배 피우지 않나?

STEP 4 마무리

TEST 1 우리말 표현을 영어로 써 보세요.

| 걸핏하면 화내는 성질 | 도착하다 | 화장실 |
| | | |

| 정신 없이 바쁜 | 회전문 | 몹시 추운 |
| | | |

| 차를 대다 | 미친, 제정신이 아닌 | 끝내주게 좋은 |
| | | |

| ~할 만한 가치가 있는 | 참다 | ~을 알지 못하는 |
| | | |

| 당기다, 끌다 | 초췌한 | 애쓰다, 몸부림치다 |
| | | |

TEST 2 우리말 표현에 맞게 동사 변화를 주세요.

애쓰다		애썼다	
당기다, 끌다		당겼다, 끌었다	
차를 대다		차를 댔다	
도착하다		도착했다	
참다		참았다	

 화장실을 뜻하는 여러 단어가 있는데요. 가정집 내의 화장실은 bathroom, 건물이나 일반 장소에 있는 화장실은 restroom, 비행기 안에 있는 화장실은 lavatory라고 합니다.

UNIT 4

STEP 1   문장 쓰윽 보고 듣기

영어 문장과 우리말 해석을 편안한 마음으로 한 번만 읽어 본 후 쓰윽 들어보세요.

UNIT 5

61   **Keep** it / if you want it.
그거 너 가져 / 원하면.

62   Cost is no **issue** / around here.
비용은 (아무리 비싸도) 전혀 문제가 안 돼 / 여기에서는.

63   It **comes to** $16,000 / in total.
16,000달러입니다 / 전체 다해서.

64   This will never **happen** / again.
이런 일 절대 없는 거야 / 앞으로 다시는.

65   You'll **cover** / for me / when I'm away.
네가 일을 하는 거야 / 나 대신 / 내가 자리를 비우면.

66   You'll never **imagine** / what happened.
너는 상상도 못할 걸 / 무슨 일이 있었는지.

67   I'm going to **pass out** / any minute.
피곤해서 기절할 지경이야 / 금방이라도.

68   I just came home / **from work**.
나 방금 집에 들어왔어 / 일 끝나고.

69   Don't I **know** it.
그걸 누가 몰라. (= 그거야 이미 알고 있지.)

70   He kept his arms / behind his **back**.
그가 팔을 계속 숨기고 있었어 / 등 뒤로.

71   He **grabbed** her / and kissed her / on the top of her head.
그는 그녀를 잡고 / 키스했어 / 이마에다.

72   I can't **put my finger** / **on** it.
내 손가락을 놓을 수가 없어 / 그 위에다. (= 그걸 뭐라고 딱 꼬집어서 말할 수가 없네.)

73   I've **studied up** / **on** the professor.
내가 자세히 조사해 봤어 / 그 교수님에 대해서.

74   What **takes** you so long / to answer my question?
너 뭐가 그렇게 오래 걸려 / 내 질문에 답하는 데?

75   What made you change your **mind**?
뭐가 당신이 마음을 바꾸게 만든 겁니까? (= 무엇 때문에 생각을 바꾸신 겁니까?)

STEP 2 차곡차곡 어휘 쌓기

단어와 뜻을 크게 읽으면서 영어 단어를 정성스레 써 보세요.

keep
소유하다 (keep–kept–kept)

issue
문제, 쟁점

come to
(총계가) ~이 되다 (come–came–come)
▶ 뒤에 총액에 해당하는 숫자가 옴

happen
일이 생기다 (happen–happened–happened)
▶ 예기치 않게 뭔가가 발생하는 걸 의미

cover
(자리 비운 사람의) 일을 대신하다
(cover–covered–covered)

imagine
상상하다 (imagine–imagined–imagined)

pass out
기절하다 (pass–passed–passed)

from work
일 끝나고

know
이미 알고 있다 (know–knew–known)

back
(신체 부위의) 등

grab
와락 움켜잡다, 붙잡다 (grab–grabbed–grabbed)

put one's finger on
~을 딱 꼬집어서 말하다 (put–put–put)

study up on
~에 대해 자세히 조사하다
(study–studied–studied)

take
시간이 걸리게 하다 (take–took–taken)

mind
생각

 **I can't put my finger on it.** = 그걸 뭐라고 딱 꼬집어서 말할 수가 없네.
put my finger on이 '~ 위에 손가락을 정확히 올려 놓다'잖아요. '손가락으로 하나씩 짚어가면서 정확하게 설명한다'는 의미예요. 그래서 그걸 못한다면 '뭐라고 딱 꼬집어 얘기할 수 없다'가 되는 것이죠.

UNIT 5

STEP 3 실제론 요래 쓰여요!

우리말의 색깔 부분에 해당하는 영어 표현을 써 보세요. 정답과 영어 표현은 p.196.

1. A 이거 내가 가져도 돼?
   B _____ it if you want it. 원하면 그거 너 가져.

2. A 이거 너무 비싼 거 아냐?
   B Cost is no _____ around here.
   여기에서는 비용은 전혀 문제가 안 돼.

3. A This will never _____ again.
   앞으로 다시는 이런 일 없는 거야.
   B 절대로. 절대로 다시는 그런 일 없도록 하겠습니다.

4. A You will never _____ what happened.
   무슨 일이 있었는지 넌 상상도 못할 거야.
   B 왜? 뭐 안 좋은 일 있었어?

5. A 지금 어디야?
   B I just came home _____. 일 끝나고 방금 집에 들어왔어.

6. A 너 그 시험에 꼭 통과해야 해.
   B Don't I _____ it. 그걸 누가 몰라.

7. A 걔가 왜 우리를 배신했을까?
   B I can't _____ it.
   그걸 뭐라고 딱 꼬집어서 말할 수가 없어.

8. A I've _____ the woman.
   내가 그 여자를 자세히 조사해 봤어.
   B 직업이 뭐래?

실력이 쏙! will은 앞으로 할 행동을 말할 때도 쓰고요, 상대방에게 '앞으로는 꼭' ~하는 거다, ~하지 않는 거다'라며 다짐할 때도 씁니다.
ex〉 You will go to school on time. (앞으로는) 학교에 정시에 가는 거다. (다짐)
    I will visit my parents tomorrow. 내일 부모님을 찾아뵐 거야. (의지)

STEP 4 마무리

TEST 1 우리말 표현을 영어로 써 보세요.

(자리 비운 사람의) 일을 대신하다	소유하다	일 끝나고
생각	와락 붙잡다, 움켜잡다	이미 알고 있다
시간이 걸리게 하다	문제, 쟁점	상상하다
기절하다	~에 대해 조사하다	(신체 부위의) 등
~을 딱 꼬집어서 말하다	일이 생기다	(총계가) ~이 되다

TEST 2 우리말 표현에 맞게 동사 변화를 주세요.

소유하다		소유했다	
총계가 ~이 되다		총계가 ~이 되었다	
일이 생기다		일이 생겼다	
일을 대신하다		일을 대신했다	
~을 딱 꼬집어 말하다		~을 딱 꼬집어 말했다	
기절하다		기절했다	
자세히 조사하다		자세히 조사했다	

 pass out은 '기절하다'예요. 진짜 핑그르해서 기절할 때도 쓰고, 너무 피곤해서 기절할 것 같다고 할 때도 pass out을 쓸 수 있어요.

UNIT 5

REVIEW
UNIT 1-5

확인학습 다음 우리말 문장을 영어로 쓰세요.

문장 끝에 있는 번호를 찾아 답을 확인하세요.　　　　　　　　　　　　　　　　　　STEP 1의 번호

1. There is not a p_____ in the middle of the day.　　013
   한낮에는 주차할 곳이 없어.
2. He d_____ hung up. 그 사람이 일부러 전화를 끊었다니까.　　009
3. Don't cut me off m_____. 말하는 도중에 끊지 마.　　007
4. It was a s_____. 그건 안도의 한숨이었어.　　005
5. It was a q_____ when I arrived. 내가 도착했을 때 2시 15분 전이었어.　　019
6. S_____ your shoulders. 어깨 좀 쫙 펴 봐.　　023
7. If you work so hard, what do you do to c_____?　　026
   그렇게 열심히 일하면, 스트레스 풀게 뭐 해요?
8. I p_____ the door. 내가 문을 밀어서 열었지.　　021
9. I almost l_____. 나 하마터면 큰 소리로 웃을 뻔했어.　　035
10. It sounds t_____. 그 말을 들으니 구미가 당기는 걸.　　037
11. I'll f_____ you her message. 걔 메시지 너한테 전달해 줄게.　　039
12. I a_____ over what to wear. 뭘 입을까 하고 나 고심했잖아.　　041
13. Please p_____ me in the right direction of the building.　　045
    그 건물까지 가는 길 좀 정확히 알려 주세요.
14. My son's got my t_____.　　050
    아들놈이 (걸핏하면 화내는) 내 급한 성질을 닮았다니까.
15. Jane looked remarkably h_____. Jane 완전 초췌해 보이더라.　　047
16. I had a h_____ day. 오늘 하루 정말 정신 없이 바빴어.　　059
17. I m_____ downtown an hour later.　　055
    나 한 시간 후에 시내에 도착했어.
18. It c_____ $16,000 in total. 전체 다해서 16,000달러입니다.　　063
19. You'll c_____ for me when I'm away.　　065
    내가 자리를 비우면 네가 나 대신 일을 하는 거야.
20. I can't p_____ it. 그걸 뭐라고 딱 꼬집어서 말할 수가 없네.　　072
21. I've s_____ the professor. 그 교수님에 대해서 내가 자세히 조사해 봤어.　　073
22. I'm going to p_____ any minute.　　067
    금방이라도 피곤해서 기절할 지경이야.

36

다음 뜻에 해당하는 영어 단어를 쓰세요.

정장

촉촉한

떨리는

회피하다

영향력 있는

사진을 찍다

전화하다

돌다, 회전하다

익숙한, 친밀한

회전문

차를 대다

~할 만한 가치가 있는

소유하다

생각

시간이 걸리게 하다

큰 도움

불법적인

속도를 높이다

~을 감당하다, ~을 처리하다

~에 익숙하다

판단하다

놀라운

생각하다, 추정하다

그렇게 멀리 떨어져 있는

몹시 차가운

미친

참다, 견디다

일 끝나고

와락 붙잡다

문제, 쟁점

(~한 상태로) 바뀌다

상승하다

A를 (차에서) 내려주다

~가 …하는 것을 막다

~와 관계가 없다

보수가 많은

~와 연락하다

감동을 받은

~을 몹시 고대하다

몸부림치다, 애쓰다

끝내주게 좋은

~을 알지 못하는

(신체 부위의) 등

어떤 일이 생기다

상상하다

STEP 1 문장 쓱 보고 듣기

영어 문장과 우리말 해석을 편안한 마음으로 한 번만 읽어 본 후 쓱 들어보세요.

UNIT 6

076 **Don't take the pills / on an empty stomach.**
약 먹지 마 / 빈 속에다가.

077 **It took me forever / to get there.**
나 진짜 시간 오래 걸렸어 / 거기 도착하는 데.

078 **I can't wait for the weekend.**
주말을 기다릴 수가 없어. (= 주말이 빨리 오면 좋겠어.)

079 **I can't find a parking lot.**
주차장을 못 찾겠어.

080 **Pull your collar up / around your neck.**
옷깃을 치켜세워 봐 / 목 주위로.

081 **The roads are slick / with water.**
도로가 미끄러워 / 물이 있어서.

082 **Open the fridge door.**
냉장고 문 좀 열어 봐.

083 **I'm in a rush.**
내가 지금 시간이 없어. (= 급해.)

084 **We're in the middle of a recession.**
(지금) 한창 불경기야.

085 **Let's not get ahead of ourselves.**
우리에게 아직 일어나지도 않은 일 가지고 왈가왈부하지 말자.

086 **I was hugging myself / against the cold.**
나는 두 팔로 몸을 감싸고 있었어 / 추위를 견디려고.

087 **He looked sideways at me.**
그가 곁눈질로 나를 쳐다봤어.

088 **It's quite a lot more / than the minimum wage.**
훨씬 많아 / 최저임금보다.

089 **He helped me / through the depression.**
걔가 나를 도와줬어 / 우울증을 이겨낼 수 있게.

090 **I've never given it / any thought.**
난 그것을 생각해 본 적이 한번도 없어.

STEP 2 차곡차곡 어휘 쌓기

단어와 뜻을 크게 읽으면서 영어 단어를 정성스레 써 보세요.

on an empty stomach
빈 속에

take (A) forever
(A에게) 시간이 아주 오래 걸리다
(take-took-taken)

can't wait for
빨리 ~이면 좋겠다 (can-could)

parking lot
주차장

collar
윗옷의 칼라, 깃

slick
미끄러운

fridge
냉장고

in a rush
급한, 서두르는
▶ be in a rush 서두르다, 급한 일이 있다

recession
불경기, 불황

get ahead of oneself
마음이 앞서 가다 (get-got-gotten)

against the cold
추위에 대항하여

look sideways at
곁눈질하여 보다 (look-looked-looked)

minimum wage
최저임금

depression
우울증

give A thought
A를 생각하다 (give-gave-given)

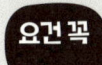 **I can't wait for** the weekend. = 주말이 빨리 오면 좋겠어.
can't wait for는 일각이 여삼추 같이 느껴지는, 조급함을 나타내는 표현입니다. 말 그대로 '~을 기다릴 수 없다' 잖아요. 지금 급한 거죠. 빨리 그 시간이 왔으면 좋겠다는 거예요.

UNIT 6

STEP 3 실제론 요래 쓰여요!

우리말의 색깔 부분에 해당하는 영어 표현을 써 보세요. 정답과 영어 표현은 p.196.

1   A Don't take the pills _____. 빈 속에 약 먹지 마.
    B 나도 알아.

2   A It _____ me _____ to get there.
       나 거기 도착하는 데 시간이 아주 많이 걸렸어.
    B 내가 그럴 거라고 했잖아.

3   A I can't find a _____. 주차장을 못 찾겠네요.
    B 그냥 가게 앞에 주차하시면 돼요.

4   A The roads are _____ with water.
       도로가 물이 있어서 미끄러워.
    B 걸을 때 조심해.

5   A 나 이것 좀 도와줄 수 있어?
    B I'm _____. 내가 지금 시간이 없어. 급해.

6   A 그런 일이 생길 수도 있는 거잖아.
    B Let's not _____.
       아직 일어나지도 않은 일인데 앞서가지 말자.

7   A 코트도 안 가져왔어?
    B No. I was hugging myself _____.
       응, 안 가져왔어. 나 추워서 두 팔로 몸을 감싸고 있었어.

8   A It's quite a lot more than the _____.
       최저임금보다 훨씬 많아.
    B 그럼 그 일 할게.

[have never+과거분사]는 '(과거에도 그렇고 현재까지도) 한번도 해 본 적이 없다'는 경험을 나타내요. 과거분사가 뭐냐고요? 동사를 보면 want-wanted-wanted 이렇게 3단으로 변하는데요, 맨 오른쪽에 있는 wanted를 과거분사라고 부릅니다. 동사 공부할 때 반드시 이렇게 3단 변화형을 꼭 외워야 영어를 할 수가 있답니다.

STEP 4 마무리

TEST 1 우리말 표현을 영어로 써 보세요.

미끄러운	곁눈질하여 보다	빈 속에
A를 생각하다	급한, 서두르는	최저임금
윗옷의 칼라, 깃	불경기, 불황	(A에게) 시간이 아주 오래 걸리다
우울증	냉장고	추위에 대항하여
마음이 앞서 가다	주차장	빨리 ~이면 좋겠다

TEST 2 우리말 표현에 맞게 동사 변화를 주세요.

시간이 오래 걸리다		시간이 오래 걸렸다	
마음이 앞서 가다		마음이 앞서 갔다	
곁눈질하여 보다		곁눈질하여 봤다	
A를 생각하다		A를 생각했다	

 wage는 보통 '시간 단위로 받는 임금'을 뜻하며, 일당, 주급 등이 포함됩니다. 대학교육이 필요한 직업보다는 육체 노동을 필요로 하는 쪽에서 쓰입니다. salary는 주로 '매달 받는 월급'으로 직원들의 은행 계좌로 바로 입금되는 걸 뜻해요. 참고로, pay는 노동의 대가로 받는 '임금'을 뜻하는 가장 일반적인 단어입니다.

UNIT 6

STEP 1   문장 쓰윽 보고 듣기

영어 문장과 우리말 해석을 편안한 마음으로 한 번만 읽어 본 후 쓰윽 들어보세요.

UNIT 7

091   **I can't afford** / to buy a car.
      나 형편이 안 돼 / 차를 살.

092   I'll **iron** you / a blouse.
      내가 너한테 다려줄게 / 블라우스.

093   I don't want to **argue** / with you.
      나 말다툼하고 싶지 않아 / 너랑.

094   Do you **mind** / if I take my jacket off?
      괜찮겠습니까 / 재킷 좀 벗어도?

095   Do you have a dream / that you wish to **pursue**?
      꿈이 있어요 / 본인이 추구하고 싶은?

096   I'm not **afraid** / of hard work.
      저 안 두려워합니다 / 힘든 일.

097   Payment will be **weekly**.
      지불은 주별로 지급될 겁니다.

098   At first / I thought / I had heard her **wrong**.
      처음에는 / 이렇게 생각했지 / 내가 걔 말을 잘못 들었나 하고.

099   I was briefly **lost for words**.
      내가 잠깐 할 말을 잃었었네.

100   I don't want / you to wear something **revealing**.
      난 싫어 / 네가 노출이 심한 옷 입는 것.

101   We **get on with** each other.
      우리 서로 잘 지내고 있어.

102   I'll be back / **first thing in the morning**.
      다시 올게 / 아침에 눈 뜨자마자.

103   You're **insane**.
      너 완전히 돌았구나.

104   He's a little bit **harsh**.
      걔가 좀 가혹한 면이 있어.

105   If he's ill, / call me / **immediately**.
      걔 아프면 / 나한테 전화해 / 바로.

STEP 2 차곡차곡 어휘 쌓기

단어와 뜻을 크게 읽으면서 영어 단어를 정성스레 써 보세요.

can't afford
~할 경제적 형편이 안되다
▶ 뒤에 〈to+동사원형〉이 주로 옴

iron
다림질해 주다 (iron–ironed–ironed)
▶ iron A B (A에게 B를 다림질해 주다)의 형태로 씀

argue
말다툼하다 (argue–argued–argued)

mind
꺼리다, 싫어하다 (mind–minded–minded)

pursue
추구하다 (pursue–pursued–pursued)

afraid
두려워하는, 무서워하는
▶ be afraid of ~을 두려워하다

weekly
매주의, 주 1회의

wrong
잘못된

lost for words
할 말을 잃은

revealing
노출이 심한

get on with
~와 사이가 좋다(get–got–got[ten])

first thing in the morning
아침에 제일 먼저, 눈 뜨자마자

insane
완전히 돌아버린, 제대로 미친

harsh
가혹한

immediately
당장, 즉시

Do you mind if I take my jacket off? = 재킷 좀 벗어도 괜찮겠습니까?
상대방이 이렇게 물어볼 때 뭐라고 답할까요? '네, 그러세요.'는 Of course not. No, I don't.로, '아니요, 그러지 마세요.'는 Of course., Yes, I do.로 하면 됩니다. 뒤의 알쏭달쏭 아!!에서 설명할게요.

UNIT 7

STEP 3   실제론 요래 쓰여요!

우리말의 색깔 부분에 해당하는 영어 표현을 써 보세요. 정답과 영어 표현은 p.197.

1 A 자동차 새 거로 한 대 사.
   B I _____ to buy a car. 나 자동차 살 형편이 안 돼.

2 A I don't want to _____ with you.
      나 너랑 말다툼하고 싶지 않아.
   B 넌 항상 이런 식이야.

3 A Do you _____ if I take my jacket off?
      재킷 좀 벗어도 괜찮겠습니까?
   B 그럼요.

4 A I'm not _____ of hard work.
      저는 힘든 일을 두려워하지 않습니다.
   B 내일부터 시작할 수 있겠어요?

5 A At first I thought I had heard her _____.
      처음에는 내가 걔 말을 잘못 들었나 생각했어.
   B 걔가 뭐라고 했는데?

6 A 나 이 드레스 입으니까 예뻐?
   B I don't want you to wear something _____.
      난 네가 노출이 심한 거 안 입으면 좋겠어.

7 A 걔랑 어떻게 잘 지내고 있어?
   B We _____ each other. 우리 서로 잘 지내.

8 A 걔한테 사실대로 말할 거야.
   B You're _____. 너 완전히 미쳤구나, 미쳤어.

실력이 쓱! If he's ill, call me immediately.

지금 아픈 게 아니라 미래에 아프게 되면 이라 해서 If he will be ill, call me immediately.라고 하면 뭔가 이상하죠? 미래에 아픈 건데 지금 나한테 바로 전화하래요. 그건 아니죠. 미래 상황을 현재로 당겨서 긴박하고 절실한 상태로 얘기하는 거예요. 우리말도 그렇죠? "걔 아프면 나한테 바로 전화해." If가 들어간 조건문일 때는 미래의 의미라도 현재로 당겨서 표현하게 됩니다.

STEP 4 마무리

TEST 1   우리말 표현을 영어로 써 보세요.

말다툼하다	할 말을 잃은	가혹한
잘못된	아침에 제일 먼저, 눈 뜨자마자	추구하다
~할 경제적인 형편이 안되다	꺼리다, 싫어하다	매주의, 주 1회의
완전히 돌아버린, 제대로 미친	당장, 즉시	~와 사이가 좋다
노출이 심한	두려워하는, 무서워하는	다림질해 주다

TEST 2   우리말 표현에 맞게 동사 변화를 주세요.

~할 형편이 안되다		~할 형편이 안됐다	
다림질해 주다		다림질해 주었다	
말다툼하다		말다툼했다	
꺼리다		꺼렸다	
추구하다		추구했다	
~와 사이가 좋다		~와 사이가 좋았다	

Do you mind ~?는 직역하면 '~하는 게 마음에 걸리세요?'입니다. 그래서 '아뇨, 안 걸리는데요. 그러니까 하고 싶은 대로 하세요.' 라고 말하려면 no나 not, never 등의 부정어를 써야 합니다. 반대로 '네, 걸립니다. 그러니까 하지 말아 주세요.'는 Yes 같은 긍정의 어휘를 써서 표현합니다.

STEP 1 문장 쓰윽 보고 듣기

영어 문장과 우리말 해석을 편안한 마음으로 한 번만 읽어 본 후 쓰윽 들어보세요.

UNIT 8

106 It's **worse** / than I thought.
(상황이) 더 안 좋아 / 내가 생각했던 것보다.

107 You can't **give up** / already.
포기하면 안 되지 / 벌써.

108 He looked at me / **for a while**.
걔가 나를 보더라고 / 잠시 동안.

109 You need to **watch** / what I'm doing.
잘 지켜봐야 한다 / 내가 지금 하고 있는 거.

110 She's really **desperate** / to lose weight.
걔 정말 필사적이야 / 살 빼려고.

111 The vacuum cleaner is too **noisy**.
그 진공청소기가 너무 소음이 많고 시끄러워.

112 I drink an **occasional** beer.
평소에 맥주는 가끔 마시는 편이야.

113 Does that **bother** you?
그게 널 신경 쓰이게 하니? (= 그게 신경 쓰여?)

114 That's / where my interest **lies**.
그거라니까 / 내가 관심을 두는 부분이.

115 His room is **far** / **from** clean.
걔 방은 거리가 멀어 / 깨끗한 거랑은.

116 I can **hardly** hear you.
네 말 잘 안 들려.

117 I'm **crazy** / about the guy.
나 완전 미치도록 좋아 / 그 사람이.

118 I'm being **serious**.
나 지금 진지하다.

119 Are you **listening** / to me?
너 지금 듣고 있는 거니 / 내 말?

120 I didn't **mean** / to say that.
고의가 아니었어 / 그렇게 말한 거.

STEP 2 차곡차곡 어휘 쌓기

단어와 뜻을 크게 읽으면서 영어 단어를 정성스레 써 보세요.

worse
더 나쁜, 더 악화된 ▶ 그냥 '나쁜'은 bad

give up
포기하다 (give–gave–given)

for a while
잠시, 한동안

watch
신경 써서 지켜보다 (watch–watched–watched)

desperate
필사적인
▶ desperate to+동사원형: ~하느라 필사적이다

noisy
소음이 심한

occasional
가끔의

bother
~를 신경 쓰이게 하다 (bother–bothered–bothered)

lie
놓여 있다, 위치해 있다 (lie–lay–lain)

far from
~로부터 먼, ~와 전혀 관계 없는

hardly
거의 ~ 아니다
▶ hard 힘든, 어려운, 열심히, 힘들게

crazy
미친, 미치도록 좋아하는
▶ be crazy about ~을 미치게 좋아하다

serious
진지한, 심각한

listen
신경 써서 듣다 (listen–listened–listened)
▶ 거의 90% to와 함께 쓰임

mean
의도하다, 의미하다 (mean–meant–meant)

 **You can't give up already.** = 벌써 포기하면 안 되지.
can't는 '~할 수 없다'의 뜻도 있고, '~하면 안 돼'의 뜻도 있어요. 여기서는 후자의 뜻이네요. 그리고 already는 '이미'의 뜻이지만, not이나 never, no 등이 들어간 문장에서는 '벌써'의 의미로 쓰이는 것, 꼭 알아두세요.

UNIT 8

STEP 3 실제론 요래 쓰여요!

우리말의 색깔 부분에 해당하는 영어 표현을 써 보세요. 정답과 영어 표현은 p.197.

1. A 그 일 지금 상황이 어때?
   B It's _____ than I thought.
   내가 생각했던 것보다 더 안 좋아.

2. A 더 이상은 못하겠어.
   B You can't _____ already. 벌써 포기하면 안 되지.

3. A 내가 뭘 해야 해?
   B You need to _____ what I'm doing.
   내가 지금 하고 있는 걸 잘 지켜봐야 해.

4. A She's really _____ to lose weight.
   걔 정말 살 빼려고 필사적이야.
   B 이미 많이 뺐던데.

5. A 평소에 술 마셔?
   B I drink an _____ beer. 평소에는 맥주 가끔 마셔.

6. A 패션에 관심 있어요?
   B That's where my interest _____.
   그게 제가 관심 두는 분야예요.

7. A I'm _____ about the guy.
   나 그 사람, 완전 미치도록 좋아.
   B 그 사람 뭐가 좋은 건데?

8. A Are you _____ to me? 지금 내 말 듣고 있는 거야?
   B 그래, 듣고 있어.

실력이 쑥! worse는 '더 안 좋은, 나쁜'의 뜻으로 bad의 비교급이에요. 이 외에 worse는 ill의 비교급으로 쓰이기도 합니다. better는 '더 좋은'의 뜻으로 good의 비교급이면서 well의 비교급으로 쓰이기도 한다는 것, 꼭 알아두세요.

STEP 4 마무리

TEST 1 우리말 표현을 영어로 써 보세요.

필사적인	더 나쁜, 더 악화된	거의 ~ 아니다
소음이 심한	의도하다, 의미하다	신경 써서 듣다
가끔의	미친, 미치도록 좋아하는	잠시, 한동안
포기하다	~을 신경 쓰이게 하다	놓여 있다, 위치해 있다
진지한, 심각한	신경 써서 지켜보다	~와 먼, ~와 전혀 관계없는

TEST 2 우리말 표현에 맞게 동사 변화를 주세요.

놓여 있다, 위치해 있다		놓여 있었다, 위치해 있었다	
포기하다		포기했다	
신경 쓰며 지켜보다		신경 쓰며 지켜봤다	
~을 신경 쓰이게 하다		~을 신경 쓰이게 했다	
신경 써서 듣다		신경 써서 들었다	
의도하다, 의미하다		의도했다, 의미했다	

 I'm serious. (나 진지해.)는 평소에도 진지하다는 뜻이고요, I'm being serious. (나 지금 진지하다.)는 평소에는 안 그런데 말하는 지금 순간은 진지하다는 의미입니다. 미묘한 의미 차이가 있으니까 꼭 알아두세요.

UNIT 8

STEP 1 문장 쓰윽 보고 듣기

영어 문장과 우리말 해석을 편안한 마음으로 한 번만 읽어 본 후 쓰윽 들어보세요.

121 I would never **cheat on** you.
난 절대 당신 속이고 바람 안 피울 거야.

122 I don't want to **disturb** your holiday.
네 휴일을 방해하고 싶지는 않아.

123 It was more **shock** / than anything.
그게 더 충격이었어 / 다른 어떤 것보다도.

124 I wanted children / **as well**.
아이를 원했지 / (나도) 역시.

125 It is still **fresh** / in my mind.
그게 아직도 생생해 / 내 마음 속에.

126 Did you **decide on** a name?
어떤 이름으로 할지 정했어?

127 You don't have to **convince** me.
날 설득할 필요 없어.

128 I was doing my best / to **hide** my feelings.
내가 아주 무지 애썼지 / 감정을 숨기려고.

129 I'm **on your side**.
나는 네 편이야.

130 Age doesn't **guarantee** wisdom.
나이가 현명함이나 지혜를 보장해 주지는 않아.

131 I could read the **disappointment** / in her tone.
실망감이 읽히더라고 / 걔 말투에서.

132 I was just **wondering**.
그냥 궁금해서 그랬어.

133 She's **a stay-at-home mother**.
걔 전업주부야.

134 You **worry** / too much.
너는 평소에도 걱정하잖아 / 너무 많이.

135 You shouldn't have **quit** your job.
네 일을 그만두지 말았어야지.

STEP 2 차곡차곡 어휘 쌓기

단어와 뜻을 크게 읽으면서 영어 단어를 정성스레 써 보세요.

cheat on
~을 속이고 바람 피우다
(cheat–cheated–cheated)

disturb
방해하다 (disturb–disturbed–disturbed)

shock
충격

as well
역시, 또한

fresh
음식이 신선한, 기억이 생생한

decide on
~으로 정하다 (decide–decided–decided)

convince
설득하다 (convince–convinced–convinced)

hide
숨기다 (hide–hid–hidden)

on one's side
~의 편인

guarantee
보장하다
(guarantee–guaranteed–guaranteed)

disappointment
실망

wonder
궁금해하다 (wonder–wondered–wondered)

a stay-at-home mother
전업주부

worry
걱정하다 (worry–worried–worried)

quit
~을 (완전히) 그만두다, 멈추다 (quit–quit–quit)

 **I was just wondering. = 그냥 궁금해서 그랬어.**
누군가 이유를 물었을 때, 혹은 어떤 변명을 해야 할 때 "그냥", "아니, 그냥 궁금해서." 이렇게 대답 많이 하죠? 그때 쓸 수 있는 최고의 표현입니다.

UNIT 9

STEP 3 실제론 요래 쓰여요!

우리말의 색깔 부분에 해당하는 영어 표현을 써 보세요. 정답과 영어 표현은 p.198.

1. A 내가 왜 너랑 결혼해야 해?
   B I would never _____ you.
   난 절대 당신 두고 바람 안 피울 거야.

2. A 내일 나 만날 수 있어?
   B I don't want to _____ your holiday.
   네 휴일을 망치고 싶지는 않은데.

3. A 너 아직도 그거 기억해?
   B It is still _____ in my mind.
   내 마음속에 그게 아직도 생생해.

4. A Did you _____ a name? 어떤 이름으로 할지 정했어?
   B 아직. 쉽지 않네.

5. A 넌 누구 편이야?
   B I'm _____. 난 네 편이지.

6. A 그 사람 마흔 넘었잖아.
   B Age doesn't _____ wisdom.
   나이가 현명함을 보장해 주지는 않아.

7. A 걔 반응은 어땠어?
   B I could read the _____ in her tone.
   걔 말투에서 실망감이 읽히더라고.

8. A 그건 왜 물었던 거야?
   B I was just _____. 그냥 궁금해서 그랬어.

실력이 쏙! 문장에서 현재시제를 쓴다는 건 말하는 순간에 뭘 하고 있다는 의미가 아닙니다. 평소에 하는 행동, 습관, 지금도 그렇지만 앞으로도 꾸준히 할 행위 등을 나타낸다는 뜻이지요. 또 계절이 바뀌고 얼음이 0도에서 어는 것 같은 변함없는 사실을 나타낼 때도 이 현재시제를 쓴답니다.

STEP 4 마무리

TEST 1 우리말 표현을 영어로 써 보세요.

역시, 또한	~의 편인	충격
보장하다	걱정하다	~을 (완전히) 그만두다, 멈추다
전업주부	설득하다	~을 속이고 바람 피우다
방해하다	숨기다	실망
궁금해하다	음식이 신선한, 기억이 생생한	~으로 정하다

TEST 2 우리말 표현에 맞게 동사 변화를 주세요.

~을 속이고 바람 피우다		~을 속이고 바람 피웠다	
방해하다		방해했다	
~으로 정하다		~으로 정했다	
설득하다		설득했다	
숨기다		숨겼다	
보장하다		보장했다	
궁금해하다		궁금해했다	

[don't have to+동사원형]과 [should have+과거분사]의 형태가 독해나 회화에서 정말 자주 쓰여요. [don't have to+동사원형]은 '~할 필요가 없다, ~하지 않아도 된다'의 뜻이고요, [should have+과거분사]는 '~했어야 했는데 (안 해서 아쉽다)'의 의미입니다. 반의어인 [have to+동사원형]은 '~해야 한다', [should not have+과거분사]는 '~하지 말았어야 했는데 (해서 아쉽다)'의 뜻이지요.

UNIT 9

STEP 1 문장 쓰윽 보고 듣기

영어 문장과 우리말 해석을 편안한 마음으로 한 번만 읽어 본 후 쓰윽 들어보세요.

UNIT 10

136 **It is time** / to **admit** your age.
이젠 때도 됐잖아 / 네 나이를 인정할.

137 **The clock now says** / five to eight.
시계가 지금 나타내네 / 8시 5분 전을. (= 시계 보니 지금 8시 5분 전이야.)

138 **You need to quiet him** / first.
너 쟤부터 조용히 시켜야 해 / 먼저.

139 **There is always traffic** / in town / at this time.
늘 교통량이 많아 / 시내에 / 이 시간에는.

140 **I looked over my shoulder**.
난 (고개를 돌려) 어깨너머로 봤어.

141 **I was standing in line** / for coffee.
나 줄 서 있었어 / 커피 주문하려고.

142 **He was sipping his coffee**.
그가 커피를 홀짝거리며 마시고 있더라고.

143 **Choose your words** / carefully.
어휘를 선택하도록 해 / 신중히.

144 **I can't figure him out**.
나는 그가 정말 이해 안 돼.

145 **I don't have a clue**.
난 실마리가 없어. (= 난 모르겠어.)

146 **I wiped my forehead** / with my hand.
난 이마를 닦았어 / 손으로.

147 **This is an opportunity** / for you to **consider**.
이건 기회야 / 네가 깊이 생각해 봐야 할.

148 **I began to sweat**.
땀이 나기 시작하더라고.

149 **I was so startled** / at the news.
나 정말 깜짝 놀랐어 / 그 소식 듣고.

150 **I shifted** / in my chair.
난 자세를 바꿨어 / 의자에 앉은 상태로.

STEP 2 차곡차곡 어휘 쌓기

단어와 뜻을 크게 읽으면서 영어 단어를 정성스레 써 보세요.

admit
인정하다 (admit–admitted–admitted)

say
~라고 되어 있다, ~라고 나타내다
(say–said–said)

quiet
조용히 시키다 (quiet–quieted–quieted)

traffic
교통, 교통량

look over one's shoulder
어깨너머로 보다 (look–looked–looked)

stand in line
줄을 서다 (stand–stood–stood)

sip
홀짝거리며 마시다 (sip–sipped–sipped)

choose
선택하다 (choose–chose–chosen)

figure out
이해하다, 짐작하다 (figure–figured–figured)

clue
실마리
▶ don't have a clue 실마리가 없다, 모르다

wipe
닦다 (wipe–wiped–wiped)

consider
깊이 생각하다, 고려하다
(consider–considered–considered)

sweat
땀이 나다 (sweat–sweated–sweated)

startle
깜짝 놀라게 하다 (startle–startled–startled)

shift
자세를 바꾸다 (shift–shifted–shifted)

 **요건 꼭**
The clock now **says** five to eight. = 시계 보니 지금 8시 5분 전이야.
시계가 지금 몇 시라고 말을 할 수는 없습니다. 그러니까 이때의 say는 '말하다'가 아니라 '~임을 나타내다'의 뜻으로 쓰인 거예요. 시간을 말할 때 자주 쓰는 표현이니까 꼭 알아두세요.

UNIT 10

STEP 3 실제론 요래 쓰여요!

우리말의 색깔 부분에 해당하는 영어 표현을 써 보세요. 정답과 영어 표현은 p.198.

1. A 온몸이 쑤시네.
   B It is time to _____ your age.
   이젠 나이를 인정할 때도 됐어.

2. A 차가 너무 많다!
   B There is always _____ in town at this time.
   이 시간에 시내는 늘 교통량이 많아.

3. A 넌 그 시간에 뭐 하고 있었어?
   B I was _____ for coffee.
   커피 주문하려고 줄 서 있었지.

4. A He was _____ his coffee.
   그가 커피를 홀짝거리며 마시고 있더라고.
   B 난 그렇게 커피 마시는 사람 정말 싫더라.

5. A I can't _____ him _____.
   나는 걔가 정말 이해 안 돼.
   B 나도 그래.

6. A 이거 어떻게 작동시키는지 알아?
   B I don't have a _____. 나 전혀 모르겠어.

7. A This is an opportunity for you to _____.
   이건 네가 깊이 생각해 봐야 할 기회야.
   B 나도 잘 알지.

8. A 너 진짜 긴장했겠다.
   B I began to _____. 땀이 나기 시작하더라고.

This is an opportunity for you to consider.
이렇게 〈to+동사원형〉 앞에 〈for you〉 같은 〈for+명사/대명사〉 등이 오면 80%는 동사의 행위를 하는 주체를 나타내요. 위의 문장에서 깊이 생각해 보는(consider) 주체는 바로 당신(you)이라는 의미랍니다.

STEP 4 마무리

TEST 1   우리말 표현을 영어로 써 보세요.

~라고 되어 있다, 나타내다	교통, 교통량	실마리
닦다	자세를 바꾸다	선택하다
인정하다	이해하다, 짐작하다	조용히 시키다
깜짝 놀라게 하다	홀짝거리며 마시다	땀이 나다
깊이 생각하다, 고려하다	줄을 서다	어깨너머로 보다

TEST 2   우리말 표현에 맞게 동사 변화를 주세요.

인정하다		인정했다	
~라고 되어 있다, 나타내다		~라고 되어 있었다, 나타냈다	
어깨너머로 보다		어깨너머로 봤다	
줄을 서다		줄을 섰다	
홀짝이며 마시다		홀짝이며 마셨다	
선택하다		선택했다	
이해하다, 짐작하다		이해했다, 짐작했다	

I was so startled at the news. = 나 그 소식 듣고 정말 깜짝 놀랐어.

startle이 '~을 깜짝 놀라게 하다'인데, 여기에 -d를 붙인 startled는 '깜짝 놀라게 된'의 뜻이에요. 그래서 <주어+startle ~>은 '주어가 ~을 놀라게 하다'의 뜻이고요, <주어+(be/get)+startled ~>는 '주어가 놀라게 된 (되다)'의 뜻으로 의미가 완전히 달라져요.

REVIEW UNIT 6-10

확인학습 다음 우리말 문장을 영어로 쓰세요.

문장 끝에 있는 번호를 찾아 답을 확인하세요.

STEP 1의 번호

1. I c_____ the weekend. 주말이 빨리 오면 좋겠어. 078
2. The roads are s_____ with water. 081
   물이 있어서 도로가 미끄러워.
3. We're in the middle of a r_____. (지금) 한창 불경기야. 084
4. Let's not g_____. 085
   우리에게 아직 일어나지도 않은 일 가지고 왈가왈부하지 말자.
5. He l_____ me. 그가 나를 곁눈질로 쳐다봤어. 087
6. I was briefly l_____. 내가 잠깐 할 말을 잃었어. 099
7. I don't want you to wear something r_____. 100
   난 네가 노출이 심한 옷 입지 않으면 좋겠어.
8. I'll be back f_____. 아침에 눈 뜨자마자 다시 올게. 102
9. We g_____ each other. 우리 서로 잘 지내고 있어. 101
10. She's really d_____ to lose weight. 110
    걔 살 빼려고 정말 필사적이야.
11. I drink an o_____ beer. 평소에 맥주는 가끔 마시는 편이야. 112
12. I didn't m_____ to say that. 그렇게 말한 거 고의가 아니었어. 120
13. I would never c_____ you. 난 당신 두고서 절대 바람 안 피울 거야. 121
14. Did you d_____ a name? 어떤 이름으로 할지 정했어? 126
15. I'm o_____. 나는 네 편이야. 129
16. She's a s_____. 걔 전업주부야. 133
17. The clock now s_____ five to eight. 137
    시계 보니 지금 8시 5분 전이야.
18. You need to q_____ him first. 138
    너 먼저 쟤부터 조용히 시켜야 돼.
19. I l_____. 난 (고개를 돌려) 어깨너머로 봤어. 140
20. I s_____ in my chair. 난 의자에 앉은 상태로 자세를 바꿨어. 150
21. He was s_____ his coffee. 그가 커피를 홀짝거리며 마시고 있더라고. 142

58

다음 뜻에 해당하는 영어 단어를 쓰세요.

빈 속에	주차장	완전히 돌아버린, 제대로 미친
생각하다	급한	최저임금
윗옷의 칼라	시간이 아주 오래 걸리다	추위에 대항하여
말다툼하다	가혹한	매주의, 주 1회의
잘못된	추구하다	두려워하는, 무서워하는
~할 경제적인 형편이 안되다	꺼리다, 싫어하다	다림질해 주다
더 나쁜, 더 악화된	거의 ~ 아니다	~와 먼, ~와 전혀 관계없는
소음이 심한	신경 써서 듣다	신경 써서 지켜보다
미친, 미치도록 좋아하는	잠시, 한동안	진지한, 심각한
포기하다	~을 신경 쓰이게 하다	음식이 신선한, 기억이 생생한
역시, 또한	충격	설득하다
보장하다	걱정하다	~을 (완전히) 그만두다, 멈추다
방해하다	숨기다	궁금해하다
교통, 교통량	실마리	땀이 나다
닦다	선택하다	깜짝 놀라게 하다

STEP 1 문장 쓱 보고 듣기

영어 문장과 우리말 해석을 편안한 마음으로 한 번만 읽어 본 후 쓱 들어보세요.

UNIT 11

151 **It doesn't make any sense.**
그건 말도 안 되는 소리야.

152 **I haven't seen her / in years.**
나 걔 못 만났어 / 몇 년 동안.

153 **Your situation is secure.**
네 상황은 안정적이야.

154 **We haven't kept in contact.**
우린 그동안 계속 연락하며 지내진 않았어.

155 **I'm a little uneasy / about this.**
난 좀 불편한데 / 이 상황이.

156 **I'm sure / everything will work out.**
난 확신해 / 모든 게 잘 해결될 거라고.

157 **How long / does this battery last?**
얼마나 오래 / 이 배터리가 가나요?

158 **Traffic was bumper to bumper / for almost two hours.**
교통체증이 장난 아니었어 / 거의 두 시간 동안.

159 **How / are you holding up?**
어떻게 / 잘 견디고 있는 거야?

160 **Don't expect / me to do that.**
기대하지도 마 / 내가 그거 할 거라고.

161 **It's your decision.**
그건 네가 결정할 문제지.

162 **Let me give / you some good advice.**
내가 해줄게 / 너한테 좋은 충고 좀.

163 **Why / haven't I noticed that / before?**
왜 / 내가 그걸 눈치채지 못했지 / 진작에?

164 **I'm under a lot of pressure.**
나 스트레스가 정말 심해.

165 **You need to get a checkup.**
너 건강검진 꼭 받아야 해.

STEP 2 차곡차곡 어휘 쌓기

단어와 뜻을 크게 읽으면서 영어 단어를 정성스레 써 보세요.

make sense
이치에 맞다, 말이 되다
(make-made-made)

in
~의 기간 동안

secure
안정적인, 안전한

keep in contact
계속 연락하다 (keep-kept-kept)

uneasy
불편한, 불안한

work out
해결되다 (work-worked-worked)

last
지속되다 (last-lasted-lasted)

bumper to bumper
차가 혼잡한, 교통체증이 심한

hold up
견디다, 버티다 (hold-held-held)

expect
기대하다, 예상하다
(expect-expected-expected)

decision
결정

advice
충고

notice
주목하다, 알아채다 (notice-noticed-noticed)

pressure
스트레스, 압력 ▶ under pressure 압박을 받는

checkup
건강검진

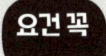

Traffic was bumper to bumper. = 교통체증이 장난이 아니었어.
도로에 차가 많아서 꼬리를 물고 서 있는 경우, 바로 위의 문장으로 표현합니다. 앞차의 뒤 범퍼와 뒤차의 앞 범퍼가 서로 맞대고 있다니(bumper to bumper) 교통체증이 엄청 심하다는 의미입니다. 영화나 드라마에서 교통 상황 설명하는 문장에서 자주 들을 수 있습니다.

UNIT 11

STEP 3 실제론 요래 쓰여요!

우리말의 색깔 부분에 해당하는 영어 표현을 써 보세요. 정답과 영어 표현은 p.199.

1 A 그거 내일까지 끝내야 해.
   B It doesn't _____ any _____.
      그건 말도 안 되는 소리야.

2 A Your situation is _____. 네 상황은 안정적이야.
   B 네 말 믿어도 돼?

3 A I'm a little _____ about this. 난 이 상황이 좀 불편하네.
   B 내가 알아서 처리할게.

4 A How long does this battery _____?
      이 배터리 얼마나 가요?
   B 6개월 정도요.

5 A How are you _____?
      어떻게 잘 견디고 있는 거야?
   B 잘 지내고 있어.

6 A Don't _____ me to do that.
      내가 그거 할 거라고 기대하지도 마.
   B 나 너한테 아무 것도 기대 안 해.

7 A 내가 그 회의에 꼭 참석해야 해?
   B It's your _____. 네가 결정할 문제지.

8 A 너 안색이 안 좋아 보여.
   B I'm under a lot of _____. 내가 스트레스가 좀 심해.

> **실력이 쓱!** 영어 문장에서 <Let me+동사원형 ~>은 직역하면 '내가 ~하게 해 줘'가 됩니다. 이건 '내가 ~할게'로 이해하고 해석하면 됩니다.
> e.g. Let me help you. 내가 너 도와줄게. (← 내가 널 돕게 해 줘.)

STEP 4 마무리

TEST 1   우리말 표현을 영어로 써 보세요.

안전한, 안정적인	불편한, 불안한	견디다, 버티다
충고	지속되다	건강검진
스트레스, 압력	이치에 맞다, 말이 되다	해결되다
주목하다, 알아채다	계속 연락하다	결정
기대하다, 예상하다	~의 기간 동안	차가 혼잡한, 교통체증이 심한

TEST 2   우리말 표현에 맞게 동사 변화를 주세요.

이치에 맞다, 말이 되다		이치에 맞았다, 말이 됐다	
계속 연락하다		계속 연락했다	
해결되다		해결되었다	
지속되다		지속되었다	
견디다, 버티다		견뎠다, 버텼다	
주목하다, 알아채다		주목했다, 알아챘다	

last는 동사로 쓰이면 '지속되다, 계속되다'고요, 형용사로 쓰이면 '마지막의', 부사로 쓰이면 '마지막에'의 뜻입니다.
e.g. This won't last. 이건 오래가지 않을 거예요. (동사)   the last bus 마지막 버스 (형용사)
       He came last in the race. 그가 레이스에서 마지막으로 들어왔어요. (부사)

easy는 '쉬운'이지만, 여기에 un-이 붙으면 '안 쉬운'이 아니라 '불안한, 불편한'의 뜻이 되는 것, 꼭 기억하세요.
e.g. an easy exam 쉬운 시험   an uneasy laugh 불안한 웃음

UNIT 11

STEP 1 문장 쓰윽 보고 듣기

영어 문장과 우리말 해석을 편안한 마음으로 한 번만 읽어 본 후 쓰윽 들어보세요.

166 I'm still a little **confused**.
나 아직도 좀 헷갈려.

167 I don't want / you to get **upset**.
난 원치 않아 / 네가 속상해 하는 거.

168 I was **thrilled** / with that idea.
나 흥분했었잖아 / 그 아이디어에.

169 I **texted** her / twice.
그녀에게 문자 보냈어 / 두 번이나.

170 I had a **fun** day / with you.
나 정말 재미있었어 / 너랑.

171 I was **rushing around** / all day.
급히 여기저기 다니느라 정신이 없었어 / 하루 종일.

172 Stop **finding fault** / **with** everything I do.
사사건건 탓하는 거 그만해 / 내가 하는 모든 거에.

173 I never should have **brought** this **up**.
내가 괜히 이 말을 꺼내가지고.

174 My mother **drove** me / to school.
엄마가 날 태워다 주셨어 / 학교까지.

175 I **proposed** to Sarah / she start a business.
내가 Sarah에게 제안했어 / 그녀가 사업 시작하는 게 어떻겠냐고.

176 That **would** help you / a little bit.
그렇게 하면 당신에게 도움이 되지 않을까 / 조금이라도.

177 It's **ancient history** / now.
그건 이미 오래 전 얘기야 / 이제는.

178 Let me **handle** it.
그건 내가 알아서 처리할게.

179 It's been a **stressful** week / for me.
정말 스트레스 쌓이는 한 주였어 / 나한텐.

180 I just **finished** making breakfast.
나 방금 아침 식사 차리는 것 다했어.

STEP 2 차곡차곡 어휘 쌓기

단어와 뜻을 크게 읽으면서 영어 단어를 정성스레 써 보세요.

confused
혼동되는, 헷갈리는

upset
속상한

thrilled
신이 난, 아주 흥분한
▶ be thrilled with ~에 흥분하다

text
~에게 문자를 보내다 (text–texted–texted)

fun
재미, 즐거움

rush around
급히 여기저기 다니다 (rush–rushed–rushed)

find fault with
~의 흠을 잡다, 탓하다 (find–found–found)

bring up
화제를 꺼내다 (bring–brought–brought)

drive
~를 차로 데려다 주다 (drive–drove–driven)

propose
제안하다 (propose–proposed–proposed)

would
~이겠다

ancient history
오래 전 이야기, 이미 예전에 끝난 이야기

handle
처리하다 (handle–handled–handled)

stressful
스트레스가 많은

finish
~을 끝내다 (finish–finished–finished)
▶ 끝내는 행위는 뒤에 〈동사-ing〉로 표현

 **I never should have brought this up.** = 내가 괜히 이 말을 꺼내가지고.
어떤 주제를 꺼냈는데, 분위기가 갑자기 싸해졌을 때, 수습용 멘트가 필요하죠? 그때 이 문장을 쓰세요. '절대 이 얘기를 꺼내는 게 아니었는데(괜히 꺼냈네)'의 의미입니다.

UNIT 12

STEP 3 실제론 요래 쓰여요!

우리말의 색깔 부분에 해당하는 영어 표현을 써 보세요. 정답과 영어 표현은 p.199.

1 A 무슨 말인지 제대로 알겠어?
   B I'm still a little _____. 나 아직도 좀 헷갈려.

2 A 그 아이디어 어땠어?
   B I was _____ with that idea.
     그 아이디어 때문에 나 흥분했었잖아.

3 A I _____ her twice. 걔한테 두 번이나 문자 보냈어.
   B 그런데 답이 없었다고?

4 A 오늘 하루 어땠어?
   B I was _____ all day.
     하루 종일 급히 여기저기 다니느라 정신이 없었어.

5 A Stop _____ everything I do.
     내가 하는 일마다 사사건건 탓하는 거 그만해.
   B 다 널 위해서 그러는 거야.

6 A I _____ to Sarah she start a business.
     난 Sarah에게 그녀가 사업을 시작하는 게 어떻겠냐고 제안했지.
   B 그러겠다고 하던가요?

7 A 나 그 얘기 듣고 얼마나 슬펐는지 몰라.
   B It's _____ now.
     뭐야, 그거 이미 예전에 끝난 얘기잖아.

8 A 이걸로 뭘 어떻게 해야 하는 건지 모르겠어.
   B Let me _____ it. 그건 내가 알아서 처리할게.

text(~에게 문자를 보내다) 뒤에 to를 써야 할 것 같은데 안 썼어요. 이건 text 동사 안에 이미 to의 의미를 갖고 있기 때문이에요. 그런데 text가 '~에게' 없이 그냥 '문자를 보내다'라는 의미로만 쓰일 때도 있어요. 그래서 He's texting.은 '걔 지금 문자 보내고 있어.'가 되지요. 그래서 어떤 원어민은 He's texting to her.처럼 말하기도 해요. 하지만 보통 그렇게는 말하지 않는 게 정상입니다.

STEP 4 마무리

TEST 1 우리말 표현을 영어로 써 보세요.

속상한	~의 흠을 잡다, 탓하다	제안하다
~을 끝내다	화제를 꺼내다	~이겠다
혼동되는, 헷갈리는	재미, 즐거움	처리하다
스트레스가 많은	~를 차로 데려다 주다	오래 전 이야기, 이미 예전에 끝난 얘기
~에게 문자를 보내다	신이 난, 아주 흥분한	급히 여기저기 다니다

TEST 2 우리말 표현에 맞게 동사 변화를 주세요.

급히 여기저기 다니다		급히 여기저기 다녔다	
~의 흠을 잡다		~의 흠을 잡았다	
화제를 꺼내다		화제를 꺼냈다	
차로 데려다 주다		차로 데려다 주었다	
제안하다		제안했다	
처리하다		처리했다	

I proposed to Sarah 다음에 she start a business가 나왔어요. 내가 Sarah한테 제안을 한 건 과거예요. 그런데 제안 내용에 started가 아니라 start 원형이 나왔네요. 그것도 she starts가 아닌 she start로요. 왜 그럴까요? 그건 동사 propose의 의미 때문이에요. '제안하다'는 '지금 당장 뭔가를 하라'는 거거든요. 나중에 천천히 여유봐 가면서 하라는 제안이 아니라. '지금 당장'을 말할 때는 명령문을 쓰죠. 명령문이요? 동사원형을 써야 명령문이 됩니다. 그래서 started도, starts도 아닌 start가 나온 겁니다.

UNIT 12

STEP 1 문장 쓰윽 보고 듣기

영어 문장과 우리말 해석을 편안한 마음으로 한 번만 읽어 본 후 쓰윽 들어보세요.

UNIT 13

181 It **smells** fantastic.
냄새 끝내주는데.

182 I took a **gulp** / of milk.
한 모금 꿀꺽 마셨어 / 우유를.

183 You must have been **exhausted**.
너 굉장히 피곤했었나 봐.

184 I'm **having** lunch / with him / tomorrow.
나 점심 먹어 / 걔랑 / 내일.

185 I'll **call** / and make an **appointment**.
내가 전화해서 / 약속 잡을게.

186 What's the **plan** / for tomorrow?
뭐 할 계획이야 / 내일은?

187 I want what's **best** / for my daughter.
나는 최선인 걸 해 주고 싶어 / 내 딸에게.

188 What **exactly** are you saying?
너 지금 정확히 뭐라는 거야?

189 He needs to have time / to **adjust**.
걔도 시간이 필요해 / 적응할 수 있는.

190 I **hate** to do this / to you.
나 이러기 정말 싫어 / 너한테.

191 She was **grinning** / from ear to ear.
걔가 활짝 웃더라니까 / 입이 귀에 걸릴 정도로.

192 I was lying / on my **side**.
난 누워 있었어 / 옆으로.

193 There's not much / to **tell**.
별로 많지가 않아 / 말할 게.

194 She sounded **sleepy**.
걔 목소리가 졸린 듯했어.

195 She was **sound** asleep.
그녀는 깊이 잠들어 있었어.

STEP 2 차곡차곡 어휘 쌓기

단어와 뜻을 크게 읽으면서 영어 단어를 정성스레 써 보세요.

smell
~한 냄새가 나다 (smell-smelled-smelled)
▶ 뒤에 냄새 관련한 형용사가 옴

gulp
꿀꺽 한 입
▶ take a gulp of 한모금 꿀꺽 마시다

exhausted
몹시 피곤한

have
먹다 (have-had-had)

appointment
시간 약속
▶ 주로 공적인 시간 약속을 의미

plan
계획

best
최선의, 제일 좋은

exactly
정확히

adjust
적응하다 (adjust-adjusted-adjusted)

hate
몹시 싫어하다 (hate-hated-hated)

grin
소리 없이 활짝 웃다 (grin-grinned-grinned)

side
옆구리, 옆
▶ on one's side 옆으로

tell
말하다, 말로 전하다 (tell-told-told)

sleepy
졸린

sound
아주 깊이

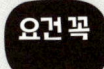 **요건 꼭** She was grinning from ear to ear. = 걔가 입이 귀에 걸릴 정도로 활짝 웃더라니까.
그림이 그려질 정도로 대단히 사실적이고 구체적인 의미의 표현이에요. 이런 표현을 적극적으로 사용하면 대화가 흥미로워지고, 듣는 사람이 나를 다시 한번 쳐다보게 되죠.

UNIT 13

STEP 3   실제론 요래 쓰여요!

우리말의 색깔 부분에 해당하는 영어 표현을 써 보세요. 정답과 영어 표현은 p.200.

1 A 너 주려고 파스타 만들었어.
   B It _____ fantastic. 냄새 끝내주는데.

2 A 나 눕자마자 잠들었어.
   B You must have been _____ . 너 굉장히 피곤했었나 봐.

3 A I'm _____ lunch with him tomorrow.
      나 내일 걔랑 점심 먹어.
   B 내가 합류해도 될까?

4 A What's the _____ for tomorrow?
      내일은 뭐 할 계획이야?
   B 아직 아무런 계획 없어.

5 A What _____ are you saying?
      너 지금 정확히 뭐라는 거야?
   B 다시 말하고 싶지 않아.

6 A I _____ to do this to you. 너한테 이러기 정말 싫어.
   B 그러면 이러지 마.

7 A Jane은 그 소식 듣고 어땠어?
   B She was _____ from ear to ear.
      걔가 입이 귀에 걸리게 활짝 웃더라니까.

8 A 너 오늘은 말이 없네.
   B There's not much to _____ . 할 말이 별로 없어.

실력이 쑥!

I'm having lunch with him tomorrow.에서 I'm having ~은 현재 먹고 있다는 게 아니에요. 영어에서는 이렇게 진행형을 써서 미래를 말할 때가 있어요. 이미 정해진 가까운 미래를 말할 때 그렇죠. 내 몸은 현재에 머물러 있지만 마음이 미래로 앞서가는 경우예요. 기대감과 흥분 때문에 마음이 앞서가는 거죠. 너무 먼 미래에 기대와 흥분이 앞서면 좀 그렇죠? 그래서 가까운 미래를 말할 때 쓰이는 문법이랍니다.

STEP 4 마무리

TEST 1 우리말 표현을 영어로 써 보세요.

아주 깊이	계획	먹다
옆구리, 옆	시간 약속	졸린
말하다, 말로 전하다	몹시 피곤한	최선의, 제일 좋은
~한 냄새가 나다	정확히	소리 없이 활짝 웃다
꿀꺽 한 입	적응하다	몹시 싫어하다

TEST 2 우리말 표현에 맞게 동사 변화를 주세요.

~한 냄새가 나다		~한 냄새가 났다	
먹다		먹었다	
적응하다		적응했다	
몹시 싫어하다		몹시 싫어했다	
소리 없이 활짝 웃다		소리 없이 활짝 웃었다	
말하다, 말로 전하다		말했다, 말로 전했다	

sound 단어도 여러 뜻이 있어요. 형용사로는 '건전한', 부사로는 asleep과 같이 써여 '아주 깊이 (잠든)'이고요, 동사로는 '~하게 들리다'의 뜻이에요. 목소리나 상대방이 말한 내용이 어떻게 들리는지 표현할 때 이 sound를 활용합니다.
e.g. Her voice sounded strange. 걔 목소리가 이상하게 들렸어요. (동사)
A sound mind in a sound body. 건강한 몸에 건전한 정신이 깃든다. (형용사)

UNIT 13

STEP 1 문장 쓰윽 보고 듣기

영어 문장과 우리말 해석을 편안한 마음으로 한 번만 읽어 본 후 쓰윽 들어보세요.

UNIT 14

196 **I was sitting** / outside on the **porch**.
나는 앉아 있었어 / 바깥 현관에.

197 What's the **difference**?
그런다고 뭐가 달라지나? / 뭐가 다른 거야?

198 Did you sleep **okay**?
잘 잤니?

199 That **reminds** me.
그 말 들으니까 생각난다.

200 Let me **walk** you / to your car.
내가 너 바래다 줄게 / 네 차 있는 데까지.

201 That's **quite** the schedule.
스케줄 정말 엄청나네.

202 Don't you think / it's **too much**?
그렇게 생각 안 해 / 너무 심하다고? (= 너무 심한 것 같지 않아?)

203 His cell is **off**.
걔 핸드폰 꺼져 있어.

204 It can help / you stay **focused**.
그게 도움이 될 수 있어 / 네가 집중하는 데.

205 What time / is your class **over**?
몇 시에 / 수업이 끝나니?

206 There was an **emergency** / at work.
급한 일이 있었어 / 회사에.

207 I have a lot of **experience** / in it.
내가 경험이 많잖아 / 그런 일에.

208 Let me know / if he ever **hits on** you.
나한테 알려줘 / 걔가 혹시라도 너한테 수작 걸면.

209 I can only **stay** / a few minutes.
나 있을 수 있어 / 몇 분만. (= 나 금방 가 봐야 해.)

210 **Like** you, / I have a lot of things to do.
너처럼, / 나도 할 일이 많단다.

72

STEP 2 차곡차곡 어휘 쌓기

단어와 뜻을 크게 읽으면서 영어 단어를 정성스레 써 보세요.

porch
현관
▶ 위에 지붕이 있고 벽이 있는 것

difference
차이

okay
괜찮은

remind
상기시키다 (remind–reminded–reminded)

walk
걸어서 ~을 데려다 주다 (walk–walked–walked)

quite
굉장히, 꽤

too much
너무 심한

off
(전기 제품이) 꺼져 있는

focused
집중된

over
끝이 난
▶ be over 끝나다

emergency
위급한 일, 응급상황

experience
경험

hit on
~에게 수작 걸다 (hit–hit–hit)

stay
~한 상태로 있다, 머물다 (stay–stayed–stayed)

like
~같이, ~처럼

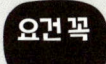

His cell is off. = 걔 핸드폰 꺼져 있어.
전기 전자 제품이 꺼져 있을 때, 간단하게 be off를 써서 표현할 수 있어요. 그렇다면, 반대로 '켜져 있다'고 할 때는요? 그때는 be on이라고 하면 됩니다.

UNIT 14

STEP 3 실제론 요래 쓰여요!

우리말의 색깔 부분에 해당하는 영어 표현을 써 보세요. 정답과 영어 표현은 p.200.

1. A 그때 넌 어디 있었는데?
   B I was sitting outside on the _____.
   나는 바깥 현관에 앉아 있었어.

2. A 그 일 제가 맡아서 하겠습니다.
   B What's the _____? 그런다고 뭐가 달라지나?

3. A Did you sleep _____? 잘 잤니?
   B 한숨도 못 잤어.

4. A 걔 해고시킬 거야.
   B Don't you think it's _____? 그건 너무 심한 거 아니야?

5. A His cell is _____. 걔 핸드폰 꺼져 있어.
   B 혼자 있고 싶은가 보지.

6. A 이걸 나한테 왜 주는 거야?
   B It can help you stay _____.
   그게 네가 집중하는 데 도움이 될 수 있어.

7. A 내가 이 일 하는 걸 도와주고 싶다고?
   B Yes. I have a lot of _____ in it.
   응. 내가 그런 일에 경험이 많잖아.

8. A Let me know if he ever _____ you.
   걔가 혹시라도 너한테 수작 걸면 나한테 알려줘.
   B 왜 이래. 그냥 잊어줘.

must는 '~해야 한다'의 뜻만 있는 게 아니에요. 어떤 확신을 갖고 '~인 게 맞나 보다, ~인 게 틀림없다'의 뜻으로도 쓰이기 때문에 항상 문맥을 보고 판단해야 해요. He must want to be alone.을 '그가 혼자 있고 싶은 걸 원해야 한다' 좀 이상하죠?

STEP 4 마무리

TEST 1 우리말 표현을 영어로 써 보세요.

차이	끝이 난	경험
~같이, ~처럼	굉장히, 꽤	너무 심한
현관	상기시키다	위급한 일, 응급상황
괜찮은	(전기 제품이) 꺼져 있는	~한 상태로 있다, 머물다
~에게 수작 걸다	집중된	걸어서 ~을 데려다 주다

TEST 2 우리말 표현에 맞게 동사 변화를 주세요.

상기시키다		상기시켰다	
걸어서 ~을 데려다 주다		걸어서 ~을 데려다 주었다	
~에게 수작 걸다		~에 수작 걸었다	
~한 상태로 있다, 머물다		~한 상태로 있었다, 머물렀다	

like는 '~을 좋아하다'의 뜻으로 알고 있어요. 하지만, 동사 외에 '~처럼, ~같이' 비유를 할 때 쓰기도 합니다. 이 뜻으로 쓰일 때, 어려운 말로 like가 전치사로 쓰였다고 말합니다. 전자의 뜻으로 쓰이느냐, 후자의 뜻으로 쓰이느냐는 문장을 읽고 알아내는 수밖에 없지만 그리 어렵지 않게 캐치할 수 있어요.

e.g. She's wearing a dress like mine. 그녀가 입고 있는 드레스는 내 것하고 같은 거야. (전치사로 쓰인 like)
She is nice, so I like her. 걔가 착해서 나 걔 좋아해. (동사로 쓰인 like)

UNIT 14

STEP 1 문장 쓰윽 보고 듣기

UNIT 15

영어 문장과 우리말 해석을 편안한 마음으로 한 번만 읽어 본 후 쓰윽 들어보세요.

211 **It's just temporary.**
그거 그냥 일시적인 거야.

212 **What time / will you be finished / with your meeting?**
몇 시에 / 너 끝나 / 너네 회의하는 것?

213 **I can't tell you / how much / I appreciate this.**
너한테 말할 수가 없어 / 얼마나 많이 / 내가 이걸 고마워하는지. (= 이번 일은 정말 뭐라고 말할 수 없이 고마워.)

214 **Don't bother denying it.**
애써 그거 부정하지 마.

215 **He's changed / a lot.**
걔 변했어 / 많이.

216 **I mentioned it / to you before.**
그 말 했었는데 / 전에 너한테.

217 **I'll probably be working late / all week.**
나 아마 야근하게 될 거야 / 이번 주 내내.

218 **Standing on one leg improves your balance.**
한 다리로 서는 게 몸의 균형을 좋게 해 줘.

219 **I feel like sleeping.**
정말 잠 좀 자고 싶다.

220 **Don't be shy / about that.**
수줍어하지 마 / 그런 일을.

221 **We have some leftover chicken.**
우리한테 먹다 남은 치킨이 좀 있어.

222 **I'm heading to the airport / now.**
나 공항 쪽으로 가고 있어 / 지금.

223 **You're angry / with me.**
당신 화났구나 / 나한테.

224 **What time is your flight?**
몇 시 비행기야?

225 **It is a great workout / for your arms.**
그거 진짜 좋은 운동이야 / 팔에.

STEP 2 차곡차곡 어휘 쌓기

단어와 뜻을 크게 읽으면서 영어 단어를 정성스레 써 보세요.

temporary
일시적인

meeting
회의

appreciate
~을 고마워하다
(appreciate–appreciated–appreciated)

deny
부인하다, 부정하다 (deny–denied–denied)

change
변하다 (change–changed–changed)

mention
말하다, 언급하다 (mention–mentioned–mentioned)

probably
아마, 아마도

improve
향상시키다 (improve–improved–improved)

feel like
~을 하고 싶다 (feel–felt–felt)
▶ 뒤에 〈동사-ing〉나 동작을 나타내는 말이 옴

shy
수줍어하는

leftover
남은 음식   ▶ leftover+음식명: 먹다 남은 음식

head
향하다, 가다 (head–headed–headed)

angry
화가 난   ▶ angry with+사람 ~에게 화가 난

flight
항공편

workout
운동

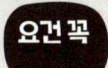 I can't tell you how much I **appreciate** this. = 이번 일은 뭐라고 말할 수 없이 고마워.
그냥 Thank you very much.라고 하기에는 너무나 고마운 일이 있나요? 그때 바로 위의 문장을 쓰면 됩니다.
고마워서 어쩔 줄 모르는 마음이 고스란히 전해집니다.

UNIT 15

STEP 3 실제론 요래 쓰여요!

우리말의 색깔 부분에 해당하는 영어 표현을 써 보세요. 정답과 영어 표현은 p.201.

1. A 그게 그렇게 심각한 문제야?
   B Don't worry. It's just _____.
   걱정하지 마. 그거 그냥 일시적인 거야.

2. A 내가 일부러 그런 게 아니라니까.
   B Don't bother _____ it. 애써 그거 부정하지 마.

3. A 아버지는 무슨 일 하셔?
   B I _____ it to you before. 전에 너한테 그 말 했었는데.

4. A I'll _____ be working late all week.
   나 아마 이번 주 내내 야근하게 될 거야.
   B 당신 건강 신경 써야 해.

5. A Standing on one leg _____ your balance.
   한 다리로 서는 게 몸의 균형을 좋게 해 줘.
   B 그거야 식은 죽 먹기지.

6. A I _____ sleeping. 정말 잠 좀 자고 싶다.
   B 아무도 너 잠자는 거 막는 사람 없어.

7. A You're _____ with me. 당신 지금 나 때문에 화났구나.
   B 당신 때문이 아니야.

8. A What time is your _____? 몇 시 비행기야?
   B 정확한 시간은 몰라.

실력이 쑥!
He's **changed** a lot. 걔 많이 변했어.
여기서 He's는 무엇의 축약형일까요? 네, 바로 He has의 축약형입니다. He's 하면 He is로만 생각하지만, 앞으로는 He has일 수도 있다는 것, 염두에 두고 문장을 보도록 하세요.

STEP 4 마무리

TEST 1   우리말 표현을 영어로 써 보세요.

수줍어하는	회의	부인하다, 부정하다
항공편	아마, 아마도	화가 난
운동	일시적인	향상시키다
남은 음식	~을 고마워하다	말하다, 언급하다
향하다, 가다	~을 하고 싶다	변하다

TEST 2   우리말 표현에 맞게 동사 변화를 주세요.

~을 고마워하다		~을 고마워했다	
부인하다, 부정하다		부인했다, 부정했다	
변하다		변했다	
말하다, 언급하다		말했다, 언급했다	
향상시키다		향상시켰다	
~을 하고 싶다		~을 하고 싶었다	
향하다, 가다		향했다, 갔다	

우리가 흔히 '너 몇 시 비행기야?'라고 물어보지만, 정확히는 '너 몇 시 비행편이야?'라고 해야 합니다. plane은 우리가 타고 다니는 '비행기'고요, flight는 '비행, 항공편'을 뜻합니다. 그래서 '몇 시 비행기야?'가 What time is your airplane?이 아니고 What time is your flight?입니다.

UNIT 15

REVIEW
UNIT 11-15

확인학습 다음 우리말 문장을 영어로 쓰세요.

문장 끝에 있는 번호를 찾아 답을 확인하세요. **STEP 1의 번호**

1. I'm sure everything will w_____. | 156
   모든 게 잘 해결될 거라고 난 확신해.

2. Traffic was b_____ for almost two hours. | 158
   거의 두 시간 동안 교통체증이 장난이 아니었어.

3. It doesn't m_____ any s_____. | 151
   그건 말도 안 되는 소리야.

4. How are you h_____? 어떻게 잘 견디고 있는 거야? | 159

5. I t_____ her twice. 그녀에게 두 번이나 문자 보냈어. | 169

6. I was r_____ all day. 하루 종일 급히 여기저기 다니느라 정신이 없었어. | 171

7. That w_____ help you a little bit. | 176
   그렇게 하면 당신에게 조금이라도 도움이 되지 않을까.

8. I don't want you to get u_____. 난 네가 속상해 하는 거 원치 않아. | 167

9. I took a g_____ of milk. 우유를 한 모금 꿀꺽 마셨어. | 182

10. She was s_____ asleep. 그녀는 깊이 잠들어 있었어. | 195

11. She was g_____ from ear to ear. | 191
    걔가 입이 귀에 걸릴 정도로 활짝 웃더라니까.

12. I'm h_____ lunch with him tomorrow. 나 걔랑 내일 점심 먹어. | 184

13. Let me w_____ you to your car. | 200
    내가 네 차 있는 데까지 너 바래다 줄게.

14. Don't you think it's t_____? 너무 심한 것 같지 않아? | 202

15. His cell is o_____. 걔 핸드폰 꺼져 있어. | 203

16. What time is your class o_____? 몇 시에 수업이 끝나니? | 205

17. Let me know if he ever h_____ you. | 208
    걔가 혹시라도 너한테 수작 걸면 나한테 알려줘.

18. We have some l_____ chicken. | 221
    우리한테 먹다 남은 치킨이 좀 있어.

19. It is a great w_____ for your arms. 그거 팔에 진짜 좋은 운동이야. | 225

20. What time is your f_____? 몇 시 비행기야? | 224

21. It's just t_____. 그거 그냥 일시적인 거야. | 211

다음 뜻에 해당하는 영어 단어를 쓰세요.

안전한	불편한, 불안한	신이 난, 흥분한
충고	지속되다	건강검진
주목하다, 알아채다	계속 연락하다	걸어서 ~을 데려다 주다
기대하다	~의 기간 동안	향상시키다, 좋게 하다
흠을 잡다, 탓하다	제안하다	고마워하다
~을 끝내다	화제를 꺼내다	부인하다, 부정하다
혼동되는, 헷갈리는	상기시키다	처리하다
스트레스가 많은	~를 차로 데려다 주다	오래 전 이야기, 이미 예전에 끝난 얘기
옆구리, 옆	시간 약속	위급한 일, 응급상황
말하다, 말로 전하다	몹시 피곤한	최선의, 제일 좋은
~한 냄새가 나다	~한 상태로 있다, 머물다	말하다, 언급하다
적응하다	몹시 싫어하다	향하다, 가다
차이	집중된	~을 하고 싶다
~같이, ~처럼	굉장히, 꽤	변하다

STEP 1 문장 쓰윽 보고 듣기

영어 문장과 우리말 해석을 편안한 마음으로 한 번만 읽어 본 후 쓰윽 들어보세요.

UNIT 16

226 **I'm kind of** tired.
내가 좀 피곤해서.

227 **What if** / she's sick?
어쩌지 / 그녀가 아프면?

228 I'll **be back** / in a little while.
돌아올게 / 금방.

229 Are you **about** ready / for your bath?
준비 거의 다 됐어 / 목욕할? (= 목욕 준비 다 됐어?)

230 Don't sleep / with your hair **wet**.
자지 마 / 머리 젖은 상태로.

231 I can't **blow** this opportunity **off**.
이런 기회를 날려버릴 순 없어.

232 It's not very big, / but I think / it'll **do**.
별로 크지는 않아. / 그치만 내 생각에 / 이 정도면 충분할 거야.

233 He's **intimidating**.
그는 사람이 좀 위협적이야.

234 I'm real **pleased** / to see you.
정말 반갑네 / 얼굴 보니까.

235 I'm sorry / I **boxed your ears** before.
미안해 / 전에 네 귀싸대기 때려서.

236 What did you **think of** him?
네 생각에는 그 사람 어땠어?

237 It was **embarrassing**.
그건 정말 당혹스러운 일이었어.

238 Are you sure / you're all **packed**?
확실해 / 너희들 짐 다 챙긴 거?

239 Why / are you so **stressed**?
왜 / 그렇게 스트레스를 받고 그래?

240 I'm **excited** / about seeing him.
나 막 흥분돼 / 그 사람 만난다니까.

STEP 2 차곡차곡 어휘 쌓기

단어와 뜻을 크게 읽으면서 영어 단어를 정성스레 써 보세요.

kind of
좀

What if ~?
~이면 어쩌지?
▶ 뒤에 〈주어+동사〉 구조가 옴

be back
돌아오다

about
거의

wet
젖은

blow ~ off
~를 날려 버리다 (blow–blew–blown)

do
충분하다, 적절하다 (do–did–done)

intimidating
위협적인, 겁을 주는

pleased
반가운, 기쁜

box one's ears
귀싸대기를 때리다 (box–boxed–boxed)

think of
~을 생각하다 (think–thought–thought)
▶ What do you think of A? A를 어떻게 생각해?

embarrassing
당혹스러운, (사람) 당혹스럽게 하는

packed
짐을 다 챙긴

stressed
스트레스를 받는

excited
들뜬, 흥분된

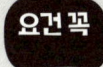 **I'm kind of tired. = 내가 좀 피곤해서.**
kind of의 사용에 주의해 주세요. 이 때의 kind는 '친절한'도 아니고 '종류'도 아니에요. of와 함께 쓰여 '좀'의 의미입니다. '그것 좀 줘 봐'의 '좀'이 아니라 '좀 이상한데'의 '좀'인 것, 기억하세요.

UNIT 16

STEP 3   실제론 요래 쓰여요!

우리말의 색깔 부분에 해당하는 영어 표현을 써 보세요. 정답과 영어 표현은 p.201.

1   A 너 괜찮은 거야?
    B I'm _____ tired. 내가 좀 피곤해서.

2   A 빨리 와야 해.
    B I'll _____ in a little while. 금방 돌아올게.

3   A 머리를 어떻게 할 수가 없네.
    B Don't sleep with your hair _____.
       머리 젖은 상태로 자지 마.

4   A 이건 정말 좋은 기회야.
    B I know. I can't _____ this opportunity
       _____.
       알아. 이런 기회를 날려 버릴 수는 없지.

5   A He's _____. 그는 사람이 좀 위협적이야.
    B 그건 내가 몰랐네.

6   A I'm sorry I _____
       before. 전에 네 귀싸대기 때린 거 미안해.
    B 그 얘긴 하고 싶지 않은데.

7   A What did you _____ him?
       그 사람 어땠어? (= 그 사람 네 생각에 어땠어?)
    B 사람이 순하던데.

8   A Why are you so _____? 왜 그렇게 스트레스를 받고 그래?
    B 이게 나한테는 마지막 기회라고.

pleased, stressed, excited는 각각 '기쁘다, 반갑다', '스트레스를 받다', '흥분하다'가 절대 아닙니다. 이 단어들은 '기쁜, 반가운', '스트레스를 받는', '흥분하는'의 뜻이고 우리말의 '~다'로 끝나려면 반드시 be동사나 다른 동사와 함께 쓰여야 합니다. 이 단어들 외에 우리가 흔히 형용사, 과거분사라고 부르는 것들 모두, 이 사항에 예외 없습니다.

STEP 4 마무리

TEST 1 우리말 표현을 영어로 써 보세요.

~이면 어쩌지?	날려 버리다	반가운, 기쁜
좀	당혹스러운, 당혹스럽게 하는	짐을 다 챙긴
돌아오다	충분하다, 적절하다	귀싸대기를 때리다
들뜬, 흥분된	위협적인, 겁을 주는	~을 생각하다
스트레스를 받는	거의	젖은

TEST 2 우리말 표현에 맞게 동사 변화를 주세요.

날려 버리다		날려 버렸다	
충분하다, 적절하다		충분했다, 적절했다	
귀싸대기를 때리다		귀싸대기를 때렸다	
~을 생각하다		~을 생각했다	

do는 참 쓰임새가 많은 단어예요. 부정문이나 의문문을 만들 때 쓰이고, '~을 하다'의 뜻으로 진짜 많이 쓰입니다. 그런데 이 do가 '충분하다, 적절하다'의 뜻으로도 쓰일 때가 있어요. 음식의 간을 보면서 '이 정도면 됐어(충분해).' 라고 할 때 이 do 동사를 쓰면 완전 딱입니다.

e.g. I do my homework every day. 전 매일 숙제를 해요. (~을 하다)
　　It will do. 그거면 되겠어. (충분하다, 적절하다)

STEP 1 문장 쓰윽 보고 듣기

영어 문장과 우리말 해석을 편안한 마음으로 한 번만 읽어 본 후 쓰윽 들어보세요.

241 **I wish** / I had someone to **play** with.
정말 좋겠어 / 같이 놀 사람이 있으면.

242 **Why** / do you **keep** saying that?
왜 / 그 말을 계속 하는 거야?

243 It's a **pleasure** / to see you again.
반갑습니다 / 다시 만나게 돼서.

244 The alarm didn't **go off**.
자명종이 안 울렸어.

245 She's been very **attentive**.
그녀가 계속 신경을 많이 써 줬어.

246 This is a **coincidence**.
이거 정말 우연의 일치인 걸.

247 You can **contact** him?
너 걔랑 연락되니?

248 No **doubt** / about it.
의심이 없어 / 그거에 관해서. (= 그건 확실해. / 의심의 여지가 없어.)

249 **Find out** / what he wants.
알아내 / 걔가 원하는 게 뭔지.

250 I **barely** know the guy.
나 그 사람 거의 몰라.

251 **How come** / you know him?
어떻게 / 네가 그 사람을 알아?

252 I want to **grab** a drink / tonight.
나 한잔하고 싶은데 / 오늘 밤.

253 How nice / to **hear from** you.
정말 반갑고 좋다 / 너한테 연락 받으니까.

254 Where would be **convenient** / for you?
어디가 편하시겠습니까 / 그쪽한테는?

255 I wasn't **well** / yesterday.
내가 몸이 좋지 않았어 / 어제는.

STEP 2 차곡차곡 어휘 쌓기

단어와 뜻을 크게 읽으면서 영어 단어를 정성스레 써 보세요.

play
놀다 (play–played–played)

keep
계속 ~을 하다 (keep–kept–kept)
▶ 뒤에 〈동사-ing〉나 행위를 나타내는 말이 옴

pleasure
즐거움, 즐거운 일

go off
울리다, 소리가 터지다 (go–went–gone)

attentive
신경을 쓰는, 배려하는

coincidence
우연의 일치

contact
~와 연락하다 (contact–contacted–contacted)

doubt
의심

find out
~을 알아내다 (find–found–found)

barely
거의 ~이 아닌, 간신히

how come
왜, 어떤 이유로
▶ 뒤에 〈주어+동사〉의 어순이 옴

grab
빠른 속도로 ~을 먹다[마시다]
(grab–grabbed–grabbed)

hear from
~에게서 연락을 받다 (hear–heard–heard)

convenient
편리한, 편안한

well
건강한, 몸이 좋은

 The alarm didn't go off. = 자명종이 안 울렸어.
약속 시간 혹은 회사에 지각하는 사람들의 단골 변명 Top 10 안에 드는 표현입니다. 자명종이 안 울렸다고 해서 '울다'의 cry를 쓰지는 않아요? 이제는 go off라고 제대로 말해 보세요.

UNIT 17

STEP 3 실제론 요래 쓰여요!

우리말의 색깔 부분에 해당하는 영어 표현을 써 보세요. 정답과 영어 표현은 p.202.

1   A 나 정말 돈 한 푼도 없어.
    B Why do you _____ saying that?
    왜 그 말을 계속 하는 거야?

2   A 너 또 늦었다.
    B The alarm didn't _____. 자명종이 안 울렸어.

3   A She's been very _____.
    그녀가 계속 신경을 많이 써 줬어.
    B 걔가 마음이 따뜻해.

4   A You can _____ him? 너 걔랑 연락이 돼?
    B 나 걔한테 거의 매일 전화하는데.

5   A 걔들이 사귄다고?
    B No _____ about it. 확실해. 의심의 여지가 없어.

6   A 내가 뭘 해야 하는 거야?
    B _____ what he wants. 걔가 원하는 게 뭔지를 알아내.

7   A _____ you know him? 네가 그 사람을 어떻게 알아?
    B 우리 고등학교 동창이야.

8   A I want to _____ a drink tonight.
    오늘 밤에 한잔하고 싶다.
    B 그 바에서 8시에 만나.

실력이 쑥! 〈I wish + 주어 + 동사 과거형 ~〉
이 형태를 꼭 알아두세요. 현재에 이뤄질 수 없는 소망을 표현하는 문장입니다. I wish 뒤에 동사 과거형이 온다는 것, 절대 잊지 마세요.

STEP 4 마무리

TEST 1 우리말 표현을 영어로 써 보세요.

울리다, (소리가) 터지다	즐거움, 즐거운 일	~을 빠른 속도로 마시다[먹다]
~을 알아내다	놀다	건강한, 몸이 좋은
~와 연락하다	거의 ~이 아닌, 간신히	왜, 어떤 이유로
계속 ~을 하다	신경을 쓰는, 배려하는	의심
편리한, 편안한	우연의 일치	~에게서 연락을 받다

TEST 2 우리말 표현에 맞게 동사 변화를 주세요.

놀다		놀았다	
계속 ~을 하다		계속 ~을 했다	
울리다, (소리가) 터지다		울리다, (소리가) 터졌다	
~와 연락하다		~와 연락했다	
~을 알아내다		~을 알아냈다	
~을 빠르게 마시다		~을 빠르게 마셨다	
연락을 받다		연락을 받았다	

play는 말 그대로 '놀다'이지요. 그런데 '어울려 다니다'라는 말이 있어요. hang out입니다. 특정한 장소에서 특정한 사람과 어울려 다니면서 논다든지 편하게 시간을 보낸다는 의미입니다. 특정한 사람이 아니고 혼자서 시간을 보내는 경우도 포함됩니다.

UNIT 17

STEP 1 문장 쓰윽 보고 듣기

영어 문장과 우리말 해석을 편안한 마음으로 한 번만 읽어 본 후 쓰윽 들어보세요.

UNIT 18

256 **Can you join me / for coffee?**
저랑 같이 할래요 / 커피 한잔?

257 **Your fever is gone.**
너 열 다 떨어졌네.

258 **I'm glad / to see you eating.**
정말 기분 좋다 / 너 먹는 모습 보니까.

259 **Can we go bike riding?**
우리 자전거 타러 갈까?

260 **I'll be / right beside you.**
내가 있을게 / 네 바로 옆에.

261 **Do you want to give it a try?**
그거 한번 해 보는 걸 원하니? (= 그거 한번 해 볼래?)

262 **I've got you on speaker.**
스피커폰 켜 놨어.

263 **I tossed on some shorts and a T-shirt.**
나 반바지랑 티셔츠를 아무렇게나 걸쳐 입었지.

264 **I'm in a good mood.**
나 지금 기분 좋아.

265 **I'm jealous.**
이거 질투나는 걸.

266 **People went crazy / for it.**
사람들이 열광했어 / 거기에.

267 **You're saying / this is my fault?**
지금 네가 하는 얘기는 / 이게 내 잘못이라는 거야?

268 **Do you remember / what to do?**
기억나니 / 어떻게 해야 하는지?

269 **She's on her way / home.**
걔 지금 가는 중이야 / 집으로.

270 **I like spending time / with you.**
난 시간 보내는 거 좋아 / 너랑 같이.

STEP 2 차곡차곡 어휘 쌓기

단어와 뜻을 크게 읽으면서 영어 단어를 정성스레 써 보세요.

join
~에 합류하다 (join–joined–joined)

fever
몸에 나는 열, 열기

glad
대단히 기쁜

bike riding
자전거 타기

right beside
~의 바로 옆에

try
시도 ▶ give it a try 그거 한번 해 보다

speaker
전화기 상의 스피커
▶ get A on speaker A를 스피커폰으로 하다

toss on
아무렇게나 ~을 걸쳐 입다 (toss–tossed–tossed)

mood
기분, 분위기
▶ be in a ~ mood ~한 기분이다, 기분이 ~하다

jealous
질투하는, 시샘하는

go crazy
열광하다, 미쳐버리다 (go–went–gone)
▶ 열광의 대상은 뒤에 〈for+대상〉으로 표현

fault
잘못

remember
기억하다 (remember–remembered–remembered)

on one's way
~로 가는[오는] 중인
▶ 향해 가고[오고] 있는 장소는 뒤에 〈to+장소〉로 표현

spend
(돈이나 시간을) 쓰다 (spend–spent–spent)

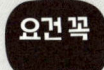

She's **on her way** home. = 걔 지금 집으로 가는 중이야.

같은 의미로 She's going home.이라고 할 수도 있지만, 이건 자칫하면 '(지금 안 가고) 좀 있다 갈 거야.'로 받아들일 수도 있어요. 그런 오해를 아예 차단하기 위해 쓰는 게 be on one's way입니다.

UNIT 18

STEP 3   실제론 요래 쓰여요!

우리말의 색깔 부분에 해당하는 영어 표현을 써 보세요. 정답과 영어 표현은 p.202.

1 A Can you _____ me for coffee?
      저랑 같이 커피 한잔 할래요?
   B 금방 갈게.

2 A Your _____ is gone. 너 열 다 떨어졌네.
   B 몸이 한결 좋아졌어.

3 A Can we go _____? 우리 자전거 타러 갈까?
   B 좋지.

4 A Do you want to give it a _____? 그거 한 번 해 볼래?
   B 난 그냥 확신이 안 서서.

5 A 지금 기분 어때?
   B I'm in a good _____. 나 지금 기분 좋아.

6 A You're saying this is my _____?
      너 지금 이게 내 잘못이라는 거야?
   B 난 그렇게 말하지 않았는데.

7 A Do you _____ what to do? 어떻게 해야 하는지 기억나니?
   B 내가 그걸 어떻게 잊겠어?

8 A 그녀 지금 어디에 있어?
   B She's _____ home.
      걔 지금 집으로 가는 중이야.

 join은 '~에 합류하다'의 뜻으로 join 뒤에는 주어가 합류하는 대상이 바로 옵니다. with 같은 단어를 쓰지 않아도 된다는 거지요. 우리나라 사람들이 무척 자주 하는 실수니까 해당 문장을 여러 번 읽어서 외워 두세요.

STEP 4 마무리

TEST 1   우리말 표현을 영어로 써 보세요.

잘못	자전거 타기	시도
(돈이나 시간을) 쓰다	~에 합류하다	전화기 상의 스피커
몸에 나는 열, 열기	기분, 분위기	기억하다
대단히 기쁜	~로 가는[오는] 중인	~의 바로 옆에
열광하다, 미쳐버리다	아무렇게나 ~을 걸쳐 입다	질투하는, 시샘하는

TEST 2   우리말 표현에 맞게 동사 변화를 주세요.

합류하다		합류했다	
아무렇게나 ~을 걸쳐 입다		아무렇게나 ~을 걸쳐 입었다	
열광하다, 미쳐버리다		열광했다, 미쳐버렸다	
기억하다		기억했다	
(돈이나 시간을) 쓰다		(돈이나 시간을) 썼다	

fault는 '잘못'이죠. 그런데 이걸 mistake(실수)와 혼동해 잘못 쓰는 분들이 많습니다. 예를 들어, 아이가 키즈 카페에서 놀다가 다른 아이와 부딪혔어요. 이건 실수(mistake)입니다. 그런데 미안하다고 사과도 안 하고 간다? 이건 아이에게 제대로 교육을 안 시킨 부모의 잘못(fault)이죠. mistake와 fault를 구별해서 쓰도록 하세요.

UNIT 18

STEP 1   문장 쓰윽 보고 듣기

영어 문장과 우리말 해석을 편안한 마음으로 한 번만 읽어 본 후 쓰윽 들어보세요.

UNIT 19

271   I want to **squeeze in** a workout.
       짬 내서 운동 좀 하고 싶어.

272   I feel like / I'm **getting softer** / by the minute.
       느낌에 / 근육이 풀리는 것 같아 / 점점.

273   Are you **talking to** me?
       저한테 말씀하시는 거예요?

274   Something's **come up**.
       일이 좀 생겼어요.

275   What keeps you so **busy**?
       뭐 때문에 그렇게 늘 바빠?

276   It depends on **intuition**.
       그런 건 직감에 달려 있지. (= 직감으로 판단하는 거야.)

277   You don't seem to have **aged** / at all.
       넌 나이 안 먹은 것 같아 / 조금도.

278   I didn't **realize** / you knew her.
       나 몰랐어 / 네가 걔를 알고 있는 줄.

279   It's hard / to **explain**.
       힘들어 / 설명하기가.

280   You can **stop by** my office / any time.
       내 사무실에 들러 / 언제든.

281   It's been fun **catching up**.
       지난 얘기 즐거웠어.

282   Tennis is a great sport / to **socialize**.
       테니스가 아주 좋은 운동이지 / 사람들이랑 교제하기.

283   What is the **point**?
       그러니까 네 말의 핵심이 뭐야?

284   She needs a place to go / after school **lets out**.
       걔는 갈 곳이 필요해 / 학교 끝나고서.

285   That doesn't **count**.
       그건 중요하지 않아.

STEP 2 차곡차곡 어휘 쌓기

단어와 뜻을 크게 읽으면서 영어 단어를 정성스레 써 보세요.

squeeze in
짬 내서 ~을 하다
(squeeze–squeezed–squeezed)

get softer
근육이 풀리다 (get–got–got[ten])

talk to
~에게 말하다, ~와 대화하다
(talk–talked–talked)

come up
생기다, 발생하다 (come–came–come)

busy
바쁜

intuition
직감

age
나이가 들다 (age–aged–aged)

realize
깨닫다 (realize–realized–realized)

explain
설명하다 (explain–explained–explained)

stop by
잠깐 ~에 들르다 (stop–stopped–stopped)

catch up
지난 이야기를 따라잡다 (catch–caught–caught)

socialize
(사교적으로) 교제하다
(socialize–socialized–socialized)

point
핵심, 요점

let out
끝나다 (let–let–let)

count
중요하다 (count–counted–counted)

 요건 꼭

Something's come up. = 일이 좀 생겼어요.

일이 생겨서 약속을 못 지키거나 해야 할 일을 빠릿빠릿하게 못할 때가 있어요. 그럴 때, '일이 좀 생겼어요'라고 변명하듯 말하기 좋은 표현이 바로 이 문장입니다. 활용 범위가 굉장히 넓으니 꼭 알아두세요.

UNIT 19

STEP 3 실제론 요래 쓰여요!

우리말의 색깔 부분에 해당하는 영어 표현을 써 보세요. 정답과 영어 표현은 p.203.

1 A 너 운동할 시간이 없구나.
   B I want to _____ a workout. 짬 내서 운동하고 싶긴 해.

2 A Are you _____ me? 저한테 말씀하시는 거예요?
   B 여기 다른 사람은 아무도 없잖아요.

3 A 왜 이렇게 꾸물거려?
   B Something's _____. 일이 좀 생겼어요.

4 A 그런 걸 어떻게 알아?
   B It depends on _____. 그런 건 직감으로 알아차리는 거지.

5 A You don't seem to have _____ at all.
     너 조금도 나이 먹은 것 같지가 않아.
   B 넌 더 어려 보여.

6 A 그 문제 어떻게 풀었어?
   B It's hard to _____. 설명하기 힘들어.

7 A 테니스를 치는 이유가 뭐야?
   B Tennis is a great sport to _____.
     테니스가 사람들이랑 교제하기 아주 좋은 운동이거든.

8 A What is the _____? 네 말의 핵심이 뭐야?
   B 내가 너한테 지금 데이트 신청하고 있잖아.

STEP 4 마무리

TEST 1 우리말 표현을 영어로 써 보세요.

잠깐 ~에 들르다	~에게 말하다, ~와 대화하다	나이가 들다
직감	(사교적으로) 교제하다	중요하다
짬 내서 ~을 하다	깨닫다	지난 이야기를 따라잡다
근육이 풀리다	끝나다	설명하다
핵심, 요점	바쁜	생기다, 발생하다

TEST 2 우리말 표현에 맞게 동사 변화를 주세요.

짬 내서 하다		짬 내서 했다	
근육이 풀리다		근육이 풀렸다	
생기다		생겼다	
~에게 말하다		~에게 말했다	
근육이 풀리다		근육이 풀렸다	
지난 이야기를 따라 잡다		지난 이야기를 따라 잡았다	
끝나다		끝났다	

'교제하다'는 남녀가 교제하는 것과 사람들과 만나서 인맥을 쌓고 서로 친하게 지내게 되는 것의 두 가지 의미가 있습니다. 남녀가 교제하는 건 date, go out이라고 하고요, 사람들과 만나서 친하게 지내고 사회적 활동을 하는 건 socialize라고 표현합니다.

STEP 1 문장 쓰윽 보고 듣기

영어 문장과 우리말 해석을 편안한 마음으로 한 번만 읽어 본 후 쓰윽 들어보세요.

UNIT 20

286 **Don't get me wrong.**
나 오해하지 마.

287 **How about** / we have pizza / for dinner?
어때 / 피자 먹는 것 / 저녁으로? (= 우리 저녁으로 피자 먹을까?)

288 **My mood began to lift.**
나 기분이 좋아지기 시작했어.

289 **I can help.**
내가 도움이 될 수도 있잖아.

290 **I'll get it done.**
그 일은 내가 마무리할게.

291 **I'm not sure / what days / yet.**
확실히 몰라 / 무슨 요일인지 / 아직.

292 **I didn't speak to them / very long.**
나 그 사람들과 이야기 안 했어 / 그렇게 오래.

293 **What does it matter?**
그게 뭐가 중요해? (= 그게 뭐 어떻다는 거야?)

294 **It's not that complicated.**
그거 그렇게 복잡하지 않아.

295 **Do you have something else / planned?**
다른 게 있어 / 계획해 놓은? (= 다른 약속 있어?)

296 **She's passionate / about painting.**
그녀가 열정적이긴 해 / 그림 그리는 데.

297 **He had an affair.**
그가 불륜을 저질렀어.

298 **Don't be so hard / on yourself.**
그렇게 너무 심하게 하지 마 / 네 자신한테. (= 자학하지 마.)

299 **This idea is original.**
이 아이디어 독창적이다.

300 **Keep me informed.**
나한테 (어떻게 돌아가는지) 계속 알려줘.

STEP 2 차곡차곡 어휘 쌓기

단어와 뜻을 크게 읽으면서 영어 단어를 정성스레 써 보세요.

get A wrong
A를 오해하다 (get–got–got[ten])

How about ~?
~이 어때? ▶ 뒤에 〈주어+동사〉가 오기도 하고, 〈동사-ing〉가 오기도 함

lift
올라가다, 상승하다 (lift–lifted–lifted)

help
도움이 되다 (help–helped–helped)

get A done
A를 끝내다 (get–got–got[ten])

day
요일

speak
말하다, 이야기하다 (speak–spoke–spoken)

matter
중요하다, 문제가 되다
(matter–mattered–mattered)

complicated
복잡한

planned
계획된, 약속된

passionate
열정적인, 열렬한

have an affair
바람을 피우다 ▶ 같이 바람을 피우는 대상은 뒤에 〈with+상대〉로 표현

be hard on
~을 심하게 대하다

original
독창적인

informed
정보를 제공 받은, 잘 아는

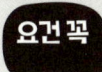 **Keep me informed.** = 나한테 (어떻게 돌아가는지) 계속 알려줘.
상황이 어떻게 되는지 계속 연락달라고 하고 싶을 때 쓸 수 있는 표현입니다. 이 문장은 직역하면 '나를 계속 정보를 제공 받은 상태로 있게 해 줘'이죠. 즉, 계속 소식을 알려달라는 의미입니다.

UNIT 20

STEP 3 실제론 요래 쓰여요!

우리말의 색깔 부분에 해당하는 영어 표현을 써 보세요. 정답과 영어 표현은 p.203.

1. A 네가 나 무지하게 싫어하는 거 알아.
   B Don't _____ me _____.
   나 오해하지 마.

2. A _____ we have pizza for dinner?
   우리 저녁으로 피자 먹을까?
   B 난 햄버거 먹고 싶은데.

3. A 나 혼자서 잘 지낼 수 있어.
   B I can _____. 내가 도움이 될 수도 있잖아.

4. A I'll _____ it _____.
   그 일은 내가 마무리할게.
   B 너만 믿는다.

5. A I didn't _____ to them very long.
   나 그 사람들이랑 아주 오래 이야기 나눈 건 아니었어.
   B 그 사람들이랑 대화했다는 게 중요한 거야.

6. A 문제가 아주 복잡하다던데.
   B It's not that _____. 그거 그렇게 복잡하지 않아.

7. A 난 그 파티에 참석 못해.
   B Do you have something else _____? 다른 약속 있어?

8. A He _____. 그가 불륜을 저질렀어.
   B 왜 그렇게 확신하는 거야?

실력이 쏙! that하면 떠오르는 게 '저것, 저'일 거예요. 그런데 이 that이 '그렇게, 저렇게'의 의미로 쓰이기도 합니다. It's not that complicated. (그거 그렇게 복잡하지 않아.)가 대표 예문이죠. 이때는 주로 형용사나 부사 앞에 쓰이는 경우가 많습니다.

STEP 4 마무리

TEST 1 우리말 표현을 영어로 써 보세요.

요일	독창적인	올라가다, 상승하다
A를 오해하다	계획된, 약속된	정보를 제공 받은, 잘 아는
복잡한	도움이 되다	~을 심하게 대하다
열정적인, 열렬한	~이 어때?	중요하다, 문제가 되다
바람을 피우다	말하다, 이야기하다	A를 끝내다

TEST 2 우리말 표현에 맞게 동사 변화를 주세요.

A를 오해하다		A를 오해했다	
올라가다, 상승하다		올라갔다, 상승했다	
말하다, 이야기하다		말했다, 이야기했다	
중요하다, 문제가 되다		중요했다, 문제가 됐다	
바람을 피우다		바람을 피웠다	
A를 끝내다		A를 끝냈다	

모두 '말하다'의 뜻인 say, tell, speak, talk의 의미 구분
- say: '입에서 나온 말 그 자체'를 목적어로 받아요.
- tell: '어떤 말을 누군가에게 전달하다'의 의미예요.
- speak: 친하지 않은 사람과의 대화, 또는 진지한 대화를 말할 때 써요.
- talk: 가까운 사람과 진지하지 않은 대화를 할 때 사용해요.

REVIEW UNIT 16-20

확인학습 다음 우리말 문장을 영어로 쓰세요.

문장 끝에 있는 번호를 찾아 답을 확인하세요. STEP 1의 번호

1 It's not very big, but I think it'll d_____. 232
   이게 별로 크지는 않아. 그치만 내 생각에 이 정도면 충분할 거야.
2 Are you sure you're all p_____? 너희들 짐 다 챙긴 거 확실해? 238
3 It was e_____. 그건 정말 당혹스러운 일이었어. 237
4 He's i_____. 그는 사람이 좀 위협적이야. 233
5 The alarm didn't g_____. 자명종이 안 울렸어. 244
6 She's been very a_____. 그녀가 계속 신경을 많이 써 줬어. 245
7 H_____ you know him? 어떻게 네가 그 사람을 알아? 251
8 I want to g_____ a drink tonight. 나 오늘 밤 한잔 하고 싶은데. 252
9 I t_____ some shorts and a T-shirt. 263
   나 반바지랑 티셔츠를 아무렇게나 걸쳐 입었지.
10 People w_____ for it. 사람들이 거기에 열광했어. 266
11 She's o_____ home. 걔 집으로 지금 가는 중이야. 269
12 You're saying this is my f_____? 267
   지금 네가 하는 얘기는 이게 내 잘못이라는 거야?
13 I want to s_____ a workout. 짬 내서 운동 좀 하고 싶어. 271
14 I feel like I'm g_____ by the minute. 272
   느낌에 점점 근육이 풀리는 것 같아.
15 Something's c_____. 일이 좀 생겼어요. 274
16 It's been fun c_____. 지난 얘기 즐거웠어. 281
17 She needs a place to go after school l_____. 284
   걔는 학교 끝나고서 갈 곳이 필요해.
18 I'll g_____ it d_____. 그 일은 내가 마무리할게. 290
19 What does it m_____? 그게 뭐가 중요해? (= 그게 뭐 어떻다는 거야?) 293
20 He h_____. 그가 불륜을 저질렀어. 297
21 Keep me i_____. 나한테 (어떻게 돌아가는지) 계속 알려줘. 300

다음 뜻에 해당하는 영어 단어를 쓰세요.

~이면 어쩌지?

돌아오다

들뜬, 흥분된

스트레스를 받는

~을 알아내다

~와 연락하다

편리한, 편안한

깨닫다

(돈이나 시간을) 쓰다

계획된, 약속된

~을 심하게 대하다

질투하는, 시샘하는

잠깐 들르다

직감

핵심, 요점

날려 버리다

귀싸대기를 때리다

~을 생각하다

거의

놀다

거의 ~이 아닌, 간신히

우연의 일치

시도

~에 합류하다

기분, 분위기

~의 바로 옆에

열정적인, 열렬한

~에게 말하다, ~와 대화하다

(사교적으로) 교제하다

~이 어때?

반가운, 기쁜

즐거움, 즐거운 일

계속 ~을 하다

독창적인

건강한, 몸이 좋은

복잡한

~에게서 연락을 받다, 소식을 듣다

대단히 기쁜

A를 오해하다

기억하다

도움이 되다

말하다, 이야기하다

나이가 들다

중요하다

생기다, 발생하다

STEP 1 문장 쓰윽 보고 듣기

영어 문장과 우리말 해석을 편안한 마음으로 한 번만 읽어 본 후 쓰윽 들어보세요.

UNIT 21

301 **That's how** / **rumors** get started.
그렇게 해서 / 소문이 시작되는 거야.

302 Don't change the **subject**.
화제 좀 바꾸지 마.

303 I **wasn't supposed to** tell anyone.
아무한테도 말하면 안 되는 거였어.

304 Can we get back / on **topic**?
다시 돌아갈까 / 원래 토픽으로? (= 원래 하던 얘기 계속할까?)

305 You did a pretty good **job**.
너 정말 잘했어.

306 I didn't mean to **offend** you
네 기분 상하게 하려던 게 아니었는데.

307 **Check** the traffic report.
교통 정보 확인해 봐.

308 I **could use** some help.
도움이 좀 필요한데.

309 I've been trying to **reach** you / on your cell.
내가 너한테 계속 연락했었어 / 네 핸드폰으로.

310 The battery **died**.
배터리가 다 됐어.

311 What a **disaster**!
아니 이게 왠 난리야!

312 I lost my **debit card**.
나 내 체크카드 잃어버렸어.

313 You're making a **huge** mistake.
너 지금 큰 실수하고 있는 거야.

314 **Reduce** your coffee / by half.
커피 마시는 양 좀 줄여 / 반으로.

315 I'll **accompany** you.
제가 동행하겠습니다.

STEP 2 차곡차곡 어휘 쌓기

단어와 뜻을 크게 읽으면서 영어 단어를 정성스레 써 보세요.

rumor
소문

subject
(대화, 토론, 책, 영화의) 주제, 화제

be supposed to
~이 전제되어 있다, ~해야 하다
▶ 뒤에 동사원형이 옴

topic
(말이나 글의) 핵심 주제

job
특정한 일[행위]

offend
기분 상하게 하다 (offend–offended–offended)

check
확인하다 (check–checked–checked)

could use
~이 필요하다, ~을 쓸 수 있으면 좋겠다

reach
~에게 전화로 연락하다
(reach–reached–reached)

die
기계가 작동을 멈추다 (die–died–died)

disaster
재난, 재앙

debit card
체크카드

huge
대단히 큰

reduce
줄이다, 축소하다 (reduce–reduced–reduced)

accompany
동반하다
(accompany–accompanied–accompanied)

 I could use some help. 도움이 좀 필요한데.
액면 그대로 '나 도움을 좀 이용할 수 있었어.'가 아닙니다. could use는 '~이 필요하다 (그래서 있으면 좋겠다)'의 뜻이에요. 우리가 알고 있는 뜻과는 다르게 해석되니 꼭 알아두세요.

UNIT 21

STEP 3   실제론 요래 쓰여요!

우리말의 색깔 부분에 해당하는 영어 표현을 써 보세요. 정답과 영어 표현은 p.204.

1   A 그런데 너 어제 왜 내 전화 안 받았어?
    B Don't change the _____. 화제 바꾸지 마.

2   A Can we get back on _____? 원래 하던 얘기 계속할까?
    B 어디까지 얘기했었지?

3   A 내 프레젠테이션 어땠어?
    B You did a pretty good _____. 너 정말 잘했어.

4   A I didn't mean to _____ you.
       네 기분 상하게 하려던 게 아니었는데.
    B 그러면 왜 그런 말을 했는데?

5   A 길에서 시간 낭비하는 거 정말 싫어.
    B _____ the traffic report.
       교통 정보 좀 확인해 봐.

6   A I've been trying to _____ you on your cell.
       나 네 핸드폰으로 계속 연락했어.
    B 나 회의 중이었어.

7   A I lost my _____. 나 내 체크카드 잃어버렸어.
    B 은행에 전화는 했니?

8   A You're making a _____ mistake.
       너 지금 큰 실수하고 있는 거야.
    B 큰 실수? 뭐?

앞으로 That's how+<주어+동사>가 보이면 '그렇게 해서 ~인 것이다'로 해석하면 됩니다. how 자리에 why가 오면 '그래서', when이 오면 '그때가', where가 오면 '거기가, 그곳이'로 하면 OK. 복잡한 문법 설명보다 요령게만 알아둬도 쉽게 문장을 이해할 수 있어요.

STEP 4 마무리

TEST 1 우리말 표현을 영어로 써 보세요.

(말이나 글의) 핵심 주제	~에게 전화로 연락하다	동반하다
소문	확인하다	체크카드
(대화, 토론, 책, 영화의) 주제, 화제	재난, 재앙	줄이다, 축소하다
~이 전제되어 있다, ~해야 하다	대단히 큰	~이 필요하다, ~ 쓸 수 있으면 좋겠다
기계가 작동을 멈추다	기분 상하게 하다	특정한 일[행위]

TEST 2 우리말 표현에 맞게 동사 변화를 주세요.

기분 상하게 하다		기분 상하게 했다	
확인하다		확인했다	
~에게 전화로 연락하다		~에게 전화로 연락했다	
기계가 작동을 멈추다		기계가 작동을 멈췄다	
줄이다, 축소하다		줄였다, 축소했다	
동반하다		동반했다	

 debit card는 정확하게는 '현금직불카드'로 결제하는 순간 연결 계좌에서 돈이 빠져 나가는 시스템의 카드입니다. 우리말의 체크카드에 해당하죠. 미국에서는 체크카드라고 하지 않냐고요? 미국에서도 그렇게 말합니다. 하지만 debit card라고 말하는 사람이 더 많다는 걸 기억하세요.

UNIT 21

STEP 1 문장 쓰윽 보고 듣기

영어 문장과 우리말 해석을 편안한 마음으로 한 번만 읽어 본 후 쓰윽 들어보세요.

316 It's **a big day** / for her.
아주 중요한 날이야 / 걔한테는.

317 Don't let him / **scare** you.
걔가 못하게 해 / 너 겁주는 걸. (= 걔 때문에 겁먹지 마.)

318 That's a good **choice**.
아주 훌륭한 선택이야.

319 He's **out of control**.
걔는 통제가 안 돼, 통제가.

320 Don't be so **thin-skinned**.
너무 그렇게 예민하게 굴지 마.

321 I **grabbed a shower**.
나 서둘러 샤워했어.

322 I'm **starving**.
배고파 죽겠다 정말.

323 **Sounds like** fun.
(들어보니) 재미있겠다.

324 The news is really **moving**.
그 뉴스 진짜 감동적이다.

325 I'm **on the phone** with him / twice a week.
나 걔랑 통화해 / 일주일에 두 번.

326 I'm **guessing**.
그냥 내 추측이야.

327 It **depends**.
상황 봐서.

328 Who knows / **for sure**?
누가 알겠어 / 확실하게? (= 아무도 확실히 몰라.)

329 No **question** / about it.
의문이 없어 / 그것에 대해. (= 그건 의심의 여지가 없네.)

330 It is **meaningful** / and important.
그건 의미 있고 / 중요한 일이야.

STEP 2 차곡차곡 어휘 쌓기

단어와 뜻을 크게 읽으면서 영어 단어를 정성스레 써 보세요.

a big day
중요한 날, 소중한 날

scare
겁주다, 놀라게 하다 (scare–scared–scared)

choice
선택

out of control
통제가 되지 않는

thin-skinned
예민한

grab a shower
서둘러 샤워하다 (grab–grabbed–grabbed)

starving
몹시 배고픈, 아사할 지경인

sound like
~처럼 들리다 (sound–sounded–sounded)
▶ 회화에서는 주어(It) 없이 바로 동사부터 쓰기도 함

moving
감동적인, 뭉클한

on the phone
통화 중인

guess
짐작하다, 추측하다 (guess–guessed–guessed)

depend
나름이다, 좌우되다
(depend–depended–depended)

for sure
확실히, 틀림없이

question
의심, 의문

meaningful
의미 있는

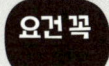 친구가 주말에 자기 집에 놀러 오라고 합니다. 그런데 별로 가고 싶지가 않아요. 그때 가장 많이 쓸 수 있는 변명으로 '상황 봐서'가 있습니다. '상황 봐서'니까 See a situation 아닐까 한다고요? 그때는 그냥 간단하게 It depends.라고 하면 됩니다.

UNIT 22

STEP 3   실제론 요래 쓰여요!

우리말의 색깔 부분에 해당하는 영어 표현을 써 보세요. 정답과 영어 표현은 p.204.

1 A 걔가 정장을 입었네, 오늘.
   B It's a _____ for her.
      걔한테 아주 중요한 날이잖아.

2 A Don't let him _____ you. 걔 때문에 겁먹지 마.
   B 난 그 사람이 무서워.

3 A He's _____. 걔는 통제가 안 돼, 통제가.
   B 걔가 뭐가 문젠데 그래?

4 A I _____. 나 서둘러 샤워했어.
   B 무슨 급한 일 있어?

5 A The news is really _____.
      그 뉴스 진짜 감동적이다.
   B 듣는 사람들 모두 울게 만드네.

6 A 너 진짜 그거 확신해?
   B I'm _____. 그냥 내 추측이야.

7 A 너 파티에 올 거야?
   B It _____. 상황 봐서.

8 A 걔가 우릴 배신한 거라고?
   B Who knows _____? 아무도 확실히 몰라.

수사의문문이라는 말이 있어요. 상대방의 대답을 기대하는 게 아니라 자신의 생각을 반어법으로 나타내는 것으로, 대표적인 문장이 Who knows? (누가 알겠어?)입니다. 이 말은 No one knows. (아무도 모른다.)를 반어법으로 돌려 표현한 거예요. 이 외에도 How can I jump so high? (내가 어떻게 그렇게 높이 뛸 수 있겠니? → 나 저렇게 높이 못 뛰어.) 등이 있습니다. 문맥을 보고 파악하세요.

STEP 4 마무리

TEST 1 우리말 표현을 영어로 써 보세요.

나름이다, 좌우되다	몹시 배고픈, 아사할 지경인	겁주다, 놀라게 하다
의미 있는	통화 중인	중요한 날
의심, 의문	통제가 되지 않는	감동적인, 뭉클한
짐작하다, 추측하다	선택	서둘러 샤워하다
확실히, 틀림없이	~처럼 들리다	예민한

TEST 2 우리말 표현에 맞게 동사 변화를 주세요.

겁주다		겁줬다	
서둘러 샤워하다		서둘러 샤워했다	
~처럼 들리다		~처럼 들렸다	
짐작하다, 추측하다		짐작했다, 추측했다	
나름이다		나름이었다	

hungry는 일반적으로 '배가 고픈, 허기가 있는'의 의미입니다. 여기서 starving으로 나아가면 '배가 고파 죽을 것 같은'이 되고요, famished는 너무 배고파서 '기아 상태가 된'의 의미가 됩니다.

STEP 1 문장 쓰윽 보고 듣기

영어 문장과 우리말 해석을 편안한 마음으로 한 번만 읽어 본 후 쓰윽 들어보세요.

UNIT 23

331 It's **a figure of speech**.
말이 그렇다는 거지. (= 비유하자면 그렇다는 거야.)

332 I have **respect** / for what you do.
난 존중해 / 네가 하는 일.

333 It's very **tasty**.
정말 맛있네.

334 Don't let it / **hurt** you.
그게 못하게 해 / 너 속상하게. (= 그런 일로 속상해 하지 마.)

335 They'll **freak out**.
걔네 아마 기절초풍할 거야.

336 What are you so **nervous** about?
뭐가 그렇게 긴장돼?

337 Do you want to **swing by** my office?
내 사무실에 잠깐 들렀다 갈래?

338 I'm already **late** / **for** work.
나 이미 늦었어 / 회사에.

339 I was **out of line**.
내가 좀 주제넘었네.

340 I've already **apologized**.
내가 이미 사과했잖아.

341 I'm **on a walk**.
나 지금 산책 중이야.

342 You look **thinner** / in the face.
너 더 말라 보여 / 얼굴이.

343 He was absolutely **furious**.
걔 완전 화났어.

344 I'm so **sick and tired of** it.
나 아주 그거에 진절머리가 난다.

345 Sounds like a **rough** day.
(들어보니) 힘든 하루구나.

STEP 2 차곡차곡 어휘 쌓기

단어와 뜻을 크게 읽으면서 영어 단어를 정성스레 써 보세요.

a figure of speech
비유적인 표현

respect
존중, 존경

tasty
맛있는

hurt
속상하게 하다 (hurt-hurt-hurt)

freak out
기절하다, 흥분하다 (freak-freaked-freaked)

nervous
긴장한

swing by
잠깐 들르다 (swing-swung-swung)

late for
~에 늦은

out of line
주제넘은, 줄에서 벗어난

apologize
사과하다 (apologize-apologized-apologized)

on a walk
산책 중인

thinner
더 마른, 더 야윈
▶ thin에서 -ner를 붙여 비교급을 만든 형태

furious
몹시 화가 난

sick and tired of
~에 질려 버린

rough
힘든, 골치 아픈

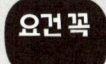

It's a figure of speech. = 말이 그렇다는 거지.
스트레스로 회사 생활이 힘든 친구. 자기 사업을 해야겠다네요. '그럼 회사 그만둔다는 거야?'라고 물어보니 '말이 그렇다는 거지.'라고 합니다. 이때 '말이 그렇다는 거지'가 영어로 바로 위의 문장입니다.

UNIT 23

STEP 3 실제론 요래 쓰여요!

우리말의 색깔 부분에 해당하는 영어 표현을 써 보세요. 정답과 영어 표현은 p.205.

1 A 그 일 정말 그만둘 거야?
   B It's a _____. 말이 그렇다는 거지.

2 A It's very _____. 정말 맛있네.
   B 내가 직접 만든 거야.

3 A 걔가 자기 생일파티에 나 초대 안 했어.
   B Don't let it _____ you. 그런 일로 속상해 하지 마.

4 A What are you so _____ about?
      뭐가 그렇게 긴장돼?
   B 이렇게 많은 사람들 앞에서 노래해 본 적이 없어.

5 A Do you want to _____ my office?
      내 사무실에 잠깐 들렀다 갈래?
   B 다음에.

6 A 네가 그를 도와주겠다고 했다고?
   B I was _____. 내가 좀 주제넘었어.

7 A 도대체 왜 그런 짓을 해야만 했니?
   B I've already _____. 내가 이미 사과했잖아.

8 A You look _____ in the face. 얼굴이 더 말라 보여.
   B 하루 건너 하루씩 운동해.

실력이 쏙! 〈Don't let+주어+동사원형+you ~〉가 보이면 앞으로는 '주어 때문에 ~하지 마'로 이해하면 해석도 쉬워지고 문맥 파악도 빨라질 거예요.
e.g. Don't let it get you down. 그것 때문에 실망하지 마. (get down: 실망시키다)
     Don't let it bother you. 그것 때문에 마음 쓰지 마. (bother: 신경 쓰이게 하다)

STEP 4 마무리

TEST 1 우리말 표현을 영어로 써 보세요.

사과하다	~에 질려 버린	맛있는
더 마른, 더 야윈	~에 늦은	기절하다, 흥분하다
잠깐 들르다	존중, 존경	힘든, 골치 아픈
비유적인 표현	주제넘은, 줄에서 벗어난	몹시 화가 난
산책 중인	긴장한	속상하게 하다

TEST 2 우리말 표현에 맞게 동사 변화를 주세요.

속상하게 하다		속상하게 했다	
기절하다, 흥분하다		기절했다, 흥분했다	
잠깐 들르다		잠깐 들렀다	
사과하다		사과했다	

delicious는 '매우 맛있는'의 뜻으로 대화에서도 물론 쓰지만 글 속에서 주로 사용되는 어휘입니다.

furious > angry > mad
화난 정도를 등급으로 표현하면 이렇게 됩니다. 우리말의 '머리 끝까지 화가 난'에 해당하는 말이 furious예요. angry는 우리에게 매우 익숙한 단어이지만 사실은 구어보다는 문어체에서 자주 쓰입니다. 문어체 어휘가 구어체에서 사용되면 그 의미의 강도가 더욱 강해지지요. 일반적인 대화에서는 '화가 난'의 의미로 mad가 가장 빈번히 쓰입니다.

UNIT 23

STEP 1 문장 쓰윽 보고 듣기

영어 문장과 우리말 해석을 편안한 마음으로 한 번만 읽어 본 후 쓰윽 들어보세요.

UNIT 24

346 **I want to unwind.**
나 긴장 풀고 편히 좀 쉬고 싶어.

347 **I didn't do it / on purpose.**
내가 그런 게 아니잖아 / 일부러.

348 **You're overreacting.**
너 지금 과민반응하는 거야.

349 **I'm disappointed.**
나 정말 실망이다.

350 **I'm taking the day off.**
나 오늘 하루 쉰다.

351 **I eavesdropped / on the conversation.**
내가 엿들었어 / 그 대화를.

352 **It's different / for everyone.**
그거야 다르지 / 사람마다.

353 **I FaceTimed / with her.**
나 페이스타임했어 / 걔랑. *FaceTime: iPhone 사용자끼리 하는 영상통화 툴

354 **I think / I'm coming down with a cold.**
내 생각에 / 나 감기 걸리려나 봐.

355 **I could feel / my blood pressure spike.**
느껴지더라니까 / 혈압이 치솟는 게.

356 **I had trouble / finding a place to park.**
나 애먹었어 / 주차할 곳 찾느라.

357 **He's looking / all over.**
걔 지금 찾고 있어 / 여기저기 샅샅이.

358 **Can you move your car?**
차 좀 빼 주시겠어요?

359 **It was pouring rain.**
비가 아주 퍼다 붓게 내렸어.

360 **She's hopeless.**
걔 정말 답 없어. (= 구제불능이야.)

STEP 2 차곡차곡 어휘 쌓기

단어와 뜻을 크게 읽으면서 영어 단어를 정성스레 써 보세요.

unwind
긴장을 풀다 (unwind–unwound–unwound)

on purpose
일부러, 고의적으로

overreact
과민 반응을 보이다
(overreact–overreacted–overreacted)

disappointed
실망한

take the day off
하루 쉬다, 하루 휴가 내다

eavesdrop
일부러 엿듣다 (eavesdrop–eavesdropped–eavesdropped) ▶ ⟨on+엿듣는 것⟩을 뒤에 놓음

different
다른

FaceTime
페이스타임하다
(FaceTime–FaceTimed–FaceTimed)

come down with
~ 병에 걸리다 (come–came–come)

spike
치솟다, 급등하다 (spike–spiked–spiked)

park
주차하다 (park–parked–parked)

all over
곳곳에, 여기저기

move
움직이다, 옮기다 (move–moved–moved)

pouring
퍼붓는 듯한

hopeless
희망이 없는, 답이 없는

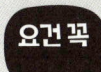 **I could feel my blood pressure spike.** = 혈압이 치솟는 게 느껴지더라니까.
너무 화가 나서 피가 거꾸로 치솟는 것 같았다는 말 하죠? 영어로는 I could feel my blood pressure spike.입니다. 사랑 감정은 다 비슷비슷한 거라서 그쪽 사람들도 이렇게 표현하나 봐요.

UNIT 24

STEP 3   실제론 요래 쓰여요!

우리말의 색깔 부분에 해당하는 영어 표현을 써 보세요. 정답과 영어 표현은 p.205.

1   A 나랑 쇼핑하러 갈래?
    B I want to _____. 나 좀 편안히 쉬고 싶어.

2   A 내가 그러지 말라고 했지.
    B I didn't do it _____. 내가 일부러 그런 게 아니잖아.

3   A 다시는 너 안 봐.
    B You're _____. 너 지금 과민 반응하는 거야.

4   A I _____ on the conversation.
       내가 그 대화를 엿들었어.
    B 그래서 진실을 알아낸 거야?

5   A 걔랑 통화했니?
    B I _____ with her. 걔랑 페이스타임했어.

6   A I think I'm _____ a cold.
       내가 감기에 걸리려나 봐.
    B 병원에 가 봐야지.

7   A Can you _____ your car? 차 좀 빼 주시겠어요?
    B 잠깐만 기다려 주세요.

8   A 거기 날씨는 어땠어?
    B It was _____ rain. 아주 비가 퍼다 붓듯 내렸어.

I'm taking the day off. 나 오늘 하루 쉰다.
I think I'm coming down with a cold. 나 감기 걸리려나 봐.
이 문장에서 공통적으로 쓰인 건 현재진행형('m taking ~, 'm coming ~)입니다. 하지만, 의미상 현재 뭐가 진행 중인 게 아니죠? 맞아요. 거의 확정된 가까운 미래의 일을 나타낼 때는 이렇게 현재진행형으로 표현하기도 합니다. 굉장히 중요한 거라서 반복해 설명합니다.

STEP 4 마무리

TEST 1 우리말 표현을 영어로 써 보세요.

하루 쉬다, 하루 휴가 쓰다	주차하다	긴장을 풀다
과민 반응을 보이다	치솟다, 급등하다	움직이다, 옮기다
일부러, 고의적으로	다른	곳곳에, 여기저기에
실망한	~ 병에 걸리다	희망이 없는, 답이 없는
퍼붓는 듯한	페이스타임하다	일부러 엿듣다

TEST 2 우리말 표현에 맞게 동사 변화를 주세요.

긴장을 풀다		긴장을 풀었다	
과민 반응을 보이다		과민 반응을 보였다	
일부러 엿듣다		일부러 엿들었다	
~라는 병에 걸리다		~라는 병에 걸렸다	
치솟다		치솟았다	
주차하다		주차했다	
하루 쉬다		하루 쉬었다	

eavesdrop은 '엿듣다'인데, 그럼 '엿보다'는 뭘까요? 바로 peep입니다. 영어에 Peeing Tom이라는 표현이 있어요. 못마땅한 느낌으로 '엿보기 좋아하는 사람, 관음증 환자'의 뜻이지요. 요즘에 이렇게 개인의 사생활을 보여주는 리얼리티 프로그램이 많은데 그런 걸 Peeping Tom-TV라고도 합니다.

STEP 1 문장 쓰윽 보고 듣기

영어 문장과 우리말 해석을 편안한 마음으로 한 번만 읽어 본 후 쓰윽 들어보세요.

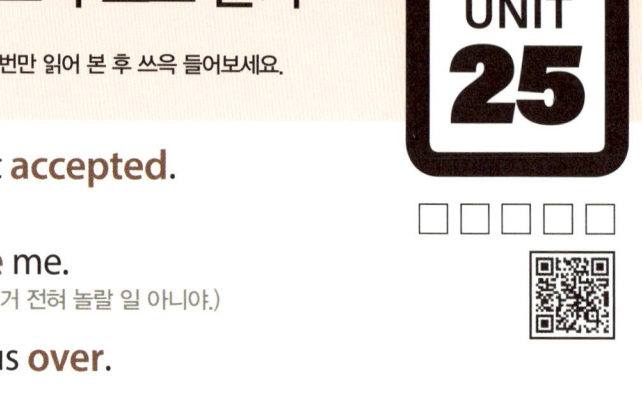

UNIT 25

361　**Your credit card is not accepted.**
카드 승인이 안 나는데요.

362　**That doesn't surprise me.**
그건 전혀 날 놀라게 하지 않아. (= 그거 전혀 놀랄 일 아니야.)

363　**Thanks / for having us over.**
고마워요 / 우리 초대해 줘서.

364　**I thought / as much.**
나도 생각했어 / 그거랑 같은 걸. (= 내가 그럴 줄 알았어.)

365　**I'll be there / as quick as I can.**
내가 갈게 / 가능한 한 빨리.

366　**We had a terrific time.**
우리 정말 즐거운 시간을 보냈어.

367　**I'll be flying back to Sydney / on Tuesday.**
나 아마 시드니로 돌아가는 비행기 탈 거야 / 화요일에.

368　**Anything interesting / in the paper?**
재미있는 기사 났어 / 신문에?

369　**I feel like / I'm finally on the right track.**
기분이 들어 / 이제야 내가 제대로 하고 있다는.

370　**I can't tell the difference.**
나 차이점을 구별 못 하겠어.

371　**I've been working / nonstop.**
나 지금까지 계속 일했어 / 쉴 새 없이.

372　**It's a long story.**
얘기하자면 길어.

373　**He has a crush / on Hannah.**
걔가 완전히 빠졌잖아 / Hannah한테.

374　**He isn't a good match / for me.**
그 사람은 맞는 상대가 아니야 / 나랑.

375　**You complained about it / earlier.**
너 그거 싫다고 뭐라 불평했었잖아 / 전에는.

STEP 2 차곡차곡 어휘 쌓기

단어와 뜻을 크게 읽으면서 영어 단어를 정성스레 써 보세요.

accept
받아들이다, 승인하다 (accept–accepted–accepted)

surprise
놀라게 하다 (surprise–surprised–surprised)

have someone over
~을 초대하다

as much
그것과 동일한 것

quick
빨리 ▶ 속도가 빠른 것을 나타냄

terrific
아주 멋진

fly
비행기를 타고 가다 (fly–flew–flown)

paper
신문 ▶ '신문'의 뜻일 때는 a paper, two papers처럼 표현함

on the right track
올바른 방향으로 나아가는

tell
분간하다 (tell–told–told)

nonstop
연속적으로, 쉼 없이

a long story
긴 이야기

have a crush on
~에게 (혼자) 반하다

match
상대, 아주 잘 어울리는 사람
▶ 뒤에 〈for+사람〉으로 표현

complain
불평하다 (complain–complained–complained)
▶ 〈about+대상〉으로 불평의 대상을 나타냄

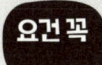
요건 꼭 Your credit card is not accepted. = 카드 승인이 안 나는데요.
외국 가서 쇼핑 중 들어볼 만한 표현입니다. 카드 승인이 안 나는 이유는 여러 가지지만 한도액이 넘었을 때가 가장 대표적인 거죠. 이유가 뭐든 이렇게 말할 때 알아들을 수 있어야 다른 카드를 내밀던가 하겠죠?

UNIT 25

STEP 3   실제론 요래 쓰여요!

우리말의 색깔 부분에 해당하는 영어 표현을 써 보세요. 정답과 영어 표현은 p.206.

1   A Your credit card is not _____.
      카드 승인이 안 나는데요.
    B 어떻게 그럴 수가 있지?

2   A 걔 하버드 입학 허가 받았어.
    B That doesn't _____ me. 전혀 놀랄 일 아니네.

3   A 저 미국인 아니에요.
    B I thought _____. 내가 그럴 줄 알았어.

4   A 어디야? 다들 와 있는데.
    B I'll be there as _____ as I can. 가능한 한 빨리 갈게.

5   A 시드니로 언제 돌아가?
    B I'll be _____ back to Sydney on Tuesday.
      나 아마 화요일에 시드니로 돌아가는 비행기 탈 거야.

6   A Anything interesting in the _____?
      신문에 재미있는 기사 났어?
    B 화성에 물이 흐른대.

7   A 이게 저것보다 더 예쁘지 않아?
    B I can't _____ the difference.
      난 차이점이 뭔지 잘 구별 못 하겠어.

8   A 왜 생각을 바꾼 거야?
    B It's a _____. 얘기하자면 길어.

'as quick as I can(가능한 한 빨리)'에서 <as ~ as 주어+can> 표현을 알아두세요. ~ 자리에 다양한 단어(형용사/부사)를 넣어, 또 주어만 바꾸면 수많은 표현을 할 수 있기 때문입니다. 혹, 과거의 시점에서 말할 때는 can을 could로만 바꾸면 됩니다.

STEP 4 마무리

TEST 1 우리말 표현을 영어로 써 보세요.

놀라게 하다	빨리	분간하다
신문	긴 이야기	상대, 아주 잘 어울리는 사람
불평하다	아주 멋진	받아들이다, 승인하다
올바른 방향으로 나아가는	~을 초대하다	~에게 (혼자) 반하다
그것과 동일한 것	비행기를 타고 가다	연속적으로, 쉼 없이

TEST 2 우리말 표현에 맞게 동사 변화를 주세요.

받아들이다, 승인하다		받아들였다, 승인했다	
~에게 반하다		~에게 반했다	
비행기를 타고 가다		비행기를 타고 갔다	
분간하다		분간했다	
불평하다		불평했다	
~을 초대하다		~을 초대했다	

terrific과 terrible 모양이 비슷해서 헷갈리는 사람들이 많습니다.
terrific은 '진짜 좋은, 아주 멋진'의 의미고요, terrible은 '끔찍한'의 의미로 완전 대척점에 있는 단어들입니다.

UNIT 25

REVIEW UNIT 21-25

확인학습 다음 우리말 문장을 영어로 쓰세요.

문장 끝에 있는 번호를 찾아 답을 확인하세요.　　　　　　　　　　　　　　　　　**STEP 1의 번호**

1 The battery d_____. 배터리가 다 됐어.　310
2 I c_____ some help. 도움이 좀 필요한데.　308
3 I w_____n't s_____ tell anyone.　303
　아무한테도 말하면 안 되는 거였어.
4 Don't change the s_____. 화제 좀 바꾸지 마.　302
5 It's a b_____ for her. 걔한테는 아주 중요한 날이야.　316
6 He's o_____. 걔는 통제가 안 돼, 통제가.　319
7 Don't be so t_____. 너무 그렇게 예민하게 굴지 마.　320
8 I'm o_____ with him twice a week.　325
　나 걔랑 1주일에 두 번 통화해.
9 It's a f_____. 비유하자면 그렇다는 거야.　331
10 They'll f_____. 걔네 아마 기절초풍할 거야.　335
11 Do you want to s_____ my office?　337
　내 사무실에 잠깐 들렀다 갈래?
12 I was o_____. 내가 좀 주제넘었네.　339
13 I'm so s_____ it. 나 아주 그거에 진절머리가 난다.　344
14 I want to u_____. 나 긴장 풀고 편히 좀 쉬고 싶어.　346
15 I'm t_____. 나 오늘 하루 쉰다.　350
16 I think I'm c_____ a cold. 내 생각에 나 감기 걸리려나 봐.　354
17 He's looking a_____. 걔 지금 여기저기 샅샅이 찾고 있어.　357
18 Thanks for h_____ us o_____.　363
　우리 초대해 줘서 고마워요.
19 I thought a_____. 내가 그럴 줄 알았어.　364
20 I feel like I'm finally o_____.　369
　이제야 내가 제대로 하고 있다는 기분이 들어.
21 I can't t_____ the difference. 나 차이점을 구별 못 하겠어.　370
22 He h_____ Hannah. 걔가 Hannah한테 완전히 빠졌잖아.　373

다음 뜻에 해당하는 영어 단어를 쓰세요.

전화로 연락하다	동반하다	받아들이다, 승인하다
퍼붓는 듯한	확인하다	체크카드
(대화, 토론, 책, 영화의) 주제, 화제	재난, 재앙	줄이다, 축소하다
기분 상하게 하다	특정한 일[행위]	의미 있는
나름이다, 좌우되다	몹시 배고픈, 아사할 지경인	겁주다, 놀라게 하다
의심, 의문	감동적인, 뭉클한	몹시 화가 난
짐작하다	페이스타임하다	서둘러 샤워하다
확실히, 틀림없이	~처럼 들리다	대단히 큰
사과하다	맛있는	놀라게 하다
빨리	~에 늦은	연속적으로, 쉼 없이
존중, 존경	힘든, 골치 아픈	비행기를 타고 가다
산책 중인	긴장한	속상하게 하다
과민 반응을 보이다	치솟다, 급등하다	불평하다
일부러	아주 멋진	상대, 아주 잘 어울리는 사람
실망한	희망이 없는, 답이 없는	일부러 엿듣다

STEP 1 문장 쓰윽 보고 듣기

영어 문장과 우리말 해석을 편안한 마음으로 한 번만 읽어 본 후 쓰윽 들어보세요.

UNIT 26

376 You need to **cut back on** the caffeine.
카페인 좀 줄이셔야겠어요.

377 You're pretty **perceptive**.
아주 통찰력이 있으시네요.

378 I **had no idea** / it was coming.
전혀 몰랐지 / 그런 일이 있을 줄은.

379 Can I **give** you **a hand** / **with** anything?
내가 도와줄까 / 뭐 좀?

380 It's **pretty much** done.
거의 다 끝났어.

381 You won't know / if you don't **ask**.
모를 거야 / 네가 물어보지 않으면. (= 물어보지도 않고 어떻게 알아.)

382 Don't **look away**.
시선 피하지 마.

383 Thank you / for **trusting** me.
고마워 / 날 믿어 줘서.

384 She's been **ill-treating** her children.
그 여자가 자기 애들을 계속 학대해 왔잖아.

385 I don't **have plans**.
나 별다른 약속 없어.

386 She keeps **bugging** me / to bring you over.
걔가 날 어찌나 계속 괴롭히는지 / 너 데려오라고.

387 He'll be **coming by** / for dinner.
걔가 잠깐 들를 거야 / 저녁 먹으러.

388 What's this **for**?
이걸로 뭐 하려고?

389 I'll be **on my best behavior**.
조신하게 굴게.

390 You sit down there / so we can **have a talk**.
너 거기 앉아 봐 / 우리 얘기 좀 하게.

STEP 2 차곡차곡 어휘 쌓기

단어와 뜻을 크게 읽으면서 영어 단어를 정성스레 써 보세요.

cut back on
~의 양을 줄이다 (cut-cut-cut)

perceptive
통찰력이 있는

have no idea
전혀 모르다

give A a hand with B
A가 B하는 걸 도와주다

pretty much
거의

ask
물어보다, 질문하다 (ask-asked-asked)

look away
시선을 피하다 (look-looked-looked)

trust
믿다, 신뢰하다 (trust-trusted-trusted)

ill-treat
학대하다, 냉대하다
(ill-treat/ill-treated/ill-treated)

have plans
계획이 있다, 약속이 있다

bug
괴롭히다 (bug-bugged-bugged)
▶ 〈bug A to+동사원형〉 A에게 ~하라고 괴롭히다

come by
잠깐 들르다 (come-came-come)

What for?
무엇 때문에?

on one's best behavior
조신하게 행동하는

have a talk
대화하다

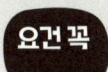 You won't know if you don't **ask**. = 물어보지도 않고 어떻게 알아.
뭔가 필요한 거를 얻으려면 직접 부딪혀야 한다는 의미를 이렇게 표현하고 있어요.

UNIT 26

STEP 3   실제론 요래 쓰여요!

우리말의 색깔 부분에 해당하는 영어 표현을 써 보세요. 정답과 영어 표현은 p.206.

1 A 오늘 이미 커피 다섯 잔이나 마셨어.
   B You need to _____ the caffeine.
      카페인 좀 줄이셔야겠어요.

2 A 지금쯤이면 그가 우리를 앞지르고 있을 거야.
   B You're pretty _____. 아주 통찰력이 있으시네요.

3 A Can I _____ you _____
      anything? 내가 뭘 좀 도와줄까?
   B 그러면 좋죠.

4 A Don't _____. 시선 피하지 마.
   B 걔 눈을 똑바로 볼 수가 없어.

5 A 너 오후에 약속 있어?
   B I don't _____. 나 별다른 약속 있지 않아.

6 A She's been _____ her children.
      그 여자가 자기 애들을 계속 학대해 왔어.
   B 그 여자 완전 정신병자일 거야.

7 A She keeps _____ me to bring you over.
      걔가 너 데려오라고 나를 어찌나 계속 괴롭히는지.
   B 진심이야. 나 안 가.

8 A He'll _____ for dinner.
      걔가 저녁 먹으러 잠깐 들를 거야.
   B 그래서 네가 그렇게 기분이 좋은 거구나.

You sit down there so we can have a talk. 우리 얘기 좀 하게 너 거기 앉아 봐.
영어 문장을 읽다가 ~ so (that) ··· can 등이 보이면 어떻게 해석해야 하나 고민하지 말고 '~하기 위해서, ~할 수 있게'의 목적의 뜻으로 이해하면 됩니다. that은 생략할 수도 있다는 점, 기억하시고요.

STEP 4 마무리

TEST 1 우리말 표현을 영어로 써 보세요.

괴롭히다	거의	전혀 모르다
대화하다	학대하다, 냉대하다	무엇 때문에?
~의 양을 줄이다	A가 B하는 걸 도와주다	시선을 피하다
계획이 있다, 약속이 있다	잠깐 들르다	통찰력이 있는
조신하게 행동하는	믿다, 신뢰하다	물어보다, 질문하다

TEST 2 우리말 표현에 맞게 동사 변화를 주세요.

~의 양을 줄이다		~의 양을 줄였다	
계획이 있다		계획이 있었다	
시선을 피하다		시선을 피했다	
A가 B하는 걸 도와주다		A가 B하는 걸 도와줬다	
전혀 모르다		전혀 몰랐다	
잠깐 들르다		잠깐 들렀다	
대화하다		대화했다	

bug는 '벌레'의 뜻이 있어요. 이런 벌레가 주변에 있다고 생각해 보세요. 생각만 해도 괴로운 일 아니겠어요? 그래서 bug가 동사일 때는 '~을 괴롭히다'의 의미로도 쓰입니다.

STEP 1 문장 쓰윽 보고 듣기

영어 문장과 우리말 해석을 편안한 마음으로 한 번만 읽어 본 후 쓰윽 들어보세요.

UNIT 27

391　Don't **panic**.
　　겁에 질리지 마.

392　It was hard / to **keep a straight face**.
　　힘들었어 / 웃음을 참기가.

393　I look like / I've got **a double chin**.
　　나 그렇게 보이잖아 / 이중 턱인 것처럼.

394　His breath **smells**.
　　걔 입에서 냄새 나.

395　I was **groggy** / with sleep.
　　내가 정신이 혼미한 상태였어 / 잠에 취해서.

396　**Hurry** back / home.
　　서둘러 돌아와 / 집으로.

397　It is very **smart** of him.
　　걔 일 아주 똑똑하게 잘하네.

398　Let's go / **get** a few more.
　　가서 / 몇 개 더 가지고 오자.

399　I don't see / why I need **braces**.
　　모르겠어 / 왜 내가 치아 교정기가 필요한지.

400　It can **cause** problems / later.
　　그게 문제를 일으킬 수 있어 / 나중에.

401　You have to get it **fixed**.
　　너 그거 수리 받아야 해.

402　Don't **tease** her.
　　걔 좀 놀리지 마.

403　Don't **make light of** this.
　　이걸 가볍게 보면 안 돼.

404　He's still at his office / **this late**.
　　걔 아직도 사무실에 있어 / 이렇게 늦은 시간에.

405　I'll have to **take a closer look**.
　　내가 좀 더 자세히 봐야겠어.

STEP 2 차곡차곡 어휘 쌓기

단어와 뜻을 크게 읽으면서 영어 단어를 정성스레 써 보세요.

panic
겁에 질리다 (panic–panicked–panicked)

keep a straight face
웃음을 참고 진지한 표정을 짓다
(keep–kept–kept)

a double chin
이중 턱

smell
불쾌한 냄새가 나다 (smell–smelled–smelled)

groggy
정신이 혼미한

hurry
서두르다, 급히 가다 (hurry–hurried–hurried)

smart
똑똑한

get
가지고 오다 (get–got–got[ten])

braces
치아 교정기

cause
유발하다, 일으키다 (cause–caused–caused)

fix
~를 고치다, 수리하다 (fix–fixed–fixed)

tease
~을 놀리다 (tease–teased–teased)

make light of
~을 가볍게 여기다 (make–made–made)

this late
이렇게 늦게까지, 이렇게 늦은 시간에

take a closer look
더 자세히 보다 (take–took–taken)
▶ close가 '면밀한, 자세한'으로
    closer는 그것의 비교급

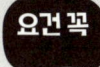 **It was hard to keep a straight face.** = 웃음을 참기가 힘들었어.
직역을 하면 '곧은 얼굴을 유지하는 게 힘들었어'입니다. straight face란 남이 뭐라고 하건 얼굴 표정이 바뀌지 않고 있는 걸 말합니다. 그래서 '웃음이 튀어나오려고 하는 걸 참다'를 keep a straight face라고 합니다.

UNIT 27

STEP 3   실제론 요래 쓰여요!

우리말의 색깔 부분에 해당하는 영어 표현을 써 보세요. 정답과 영어 표현은 p.207.

1   A 그렇게 크게 웃지 말았어야지.
    B It was hard to _____. 웃음을 참기가 힘들었어.

2   A 턱 좀 내리고 있어.
    B I look like I've got _____.
       나 이중 턱인 것처럼 보이잖아.

3   A His breath _____. 걔 입에서 냄새 나.
    B 그래서 다들 걔 곁으로 다가가지 않아.

4   A _____ back home. 서둘러 집으로 돌아와.
    B 나 선약이 있어.

5   A 의자가 몇 개 더 필요한데.
    B Let's go _____ a few more. 가서 몇 개 더 가지고 오자.

6   A It can _____ problems later.
       그게 나중에 문제를 일으킬 수 있어.
    B 나중에? 그건 관심 없어.

7   A 이 의자, 문제가 있네.
    B You have to get it _____. 너 그거 수리 받아야 해.

8   A He's still at his office _____.
       걔 이렇게 늦게까지 아직도 사무실에 있네.
    B 일이 밀렸나 보지.

You have to get it fixed. 너 그거 수리 받아야 해.
You have to fix it. 너 그거 수리해야 해.

첫 번째 문장은 기술자나 전문가의 손길을 받아 뭔가 수리가 되는(fixed) 것이고, 두 번째 문장은 자기가 직접 수리하는 것을 말합니다. 〈get+목적어+과거분사〉는 '목적어가 (주어가 아닌 다른 사람에 의해서) ~하게 되다'의 뜻이에요.

STEP 4 마무리

TEST 1 우리말 표현을 영어로 써 보세요.

똑똑한	치아 교정기	~을 놀리다
겁에 질리다	유발하다, 일으키다	더 자세히 보다
이렇게 늦게까지, 이렇게 늦은 시간에	가지고 오다	이중 턱
웃음을 참고 진지한 표정을 짓다	정신이 혼미한	~을 가볍게 여기다
불쾌한 냄새가 나다	서두르다, 급히 가다	~를 고치다, 수리하다

TEST 2 우리말 표현에 맞게 동사 변화를 주세요.

겁에 질리다		겁에 질렸다	
웃음을 참고 진지한 표정을 짓다		웃음을 참고 진지한 표정을 지었다	
불쾌한 냄새가 나다		불쾌한 냄새가 났다	
서두르다, 급히 가다		서둘렀다, 급히 갔다	
~을 가볍게 여기다		~을 가볍게 여겼다	
유발하다, 일으키다		유발했다, 일으켰다	
더 자세히 보다		더 자세히 봤다	

back은 '뒤에'라는 뜻도 있지만 '원래 있던 자리로'의 뜻도 있어요. 그래서 <동사+back>을 쓰면 '해당 동사를 해서 원래 있던 자리로 간다'의 뜻입니다. come back은 '원래 있던 자리로 오다', go back은 '원래 있던 자리로 가다', return back '원래 있던 자리로 되돌아가다', put A back는 'A를 제자리에 놓다', give A back은 'A를 원래 있던 자리로 주다(돌려주다)' 등 여러 많은 표현들이 있습니다.

UNIT 27

STEP 1 문장 쓰윽 보고 듣기

영어 문장과 우리말 해석을 편안한 마음으로 한 번만 읽어 본 후 쓰윽 들어보세요.

UNIT 28

406 You're **awake**.
일어났네.

407 You need to **stay home** / **from work**.
너 집에 있어야 해 / 출근하지 말고.

408 I've been so **curious**.
그동안 너무 궁금했어.

409 I feel **nauseous**.
나 구역질 나.

410 **Go easy on** him.
걔 심하게 다루지 말고 살살해.

411 Can I get / my ears **pierced**?
저 해도 돼요 / 귀 뚫어도?

412 It's **freezing**.
너무 춥다.

413 Can I **bum** a smoke?
담배 좀 한 대 얻어 피울 수 있을까요?

414 Let me **buy** / you a drink.
제가 사죠 / 당신에게 술 한잔.

415 I'm not a **fan** / of beans.
나 별로 안 좋아해 / 콩.

416 He's pretty **cute**.
저 사람 굉장히 매력적인데.

417 I'm **out of here**.
나는 그만 가 볼게.

418 That is so **depressing**.
그게 사람 우울하게 만드네.

419 My vision is **blurred**.
시야가 흐릿해.

420 I need a **favor**.
제가 도움이 꼭 좀 필요하거든요.

STEP 2 차곡차곡 어휘 쌓기

단어와 뜻을 크게 읽으면서 영어 단어를 정성스레 써 보세요.

awake
잠에서 깬, 잠들지 않은

stay home from work
출근하지 않고 집에 있다
(stay-stayed-stayed)

curious
호기심이 많은

nauseous
구역질이 나는, 메스꺼운

go easy on
~을 살살 다루다 (go-went-gone)

pierce
뚫다 (pierce-pierced-pierced)

freezing
너무나 추운

bum
~을 얻다 (bum-bummed-bummed)

buy
사다, 대접하다 (buy-bought-bought)

fan
팬, 좋아하는 사람
▶ 좋아하는 대상은 뒤에 〈of+명사〉로 표현

cute
매력적인, 귀여운

out of here
가는, 떠나는

depressing
우울하게 만드는

blur
흐릿하게 만들다 (blur-blurred-blurred)

favor
호의, 친절

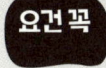 **요건 꼭**
I'm **out of here**. = 나는 그만 가 볼게.
out of here는 직역하면 '이곳을 벗어나 있는'입니다. '나는 여기서 벗어나 있다'니까 있던 곳에서 일어나 나오면서 '이만 가볼게'의 의미로 쓰이죠.

UNIT 28

STEP 3 실제론 요래 쓰여요!

우리말의 색깔 부분에 해당하는 영어 표현을 써 보세요. 정답과 영어 표현은 p.207.

1. A 나 독감 걸렸어.
   B You need to _____.
   출근하지 말고 집에 있어야 해.

2. A I've been so _____. 그동안 너무 궁금했어.
   B 뭐가 그렇게?

3. A I feel _____. 나 구역질이 나.
   B 뭐 잘못 먹었나 보네.

4. A _____ him.
   걔 심하게 다루지 말고 살살해.
   B 그렇게.

5. A Can I get my ears _____? 귀 뚫어도 돼요?
   B 알아서 해라.

6. A It's _____. 너무 춥다.
   B 뜨거운 걸 좀 마셔 봐.

7. A Let me _____ you a drink. 제가 한잔 살게요.
   B 됐어요.

8. A I'm not a _____ of beans.
   난 콩 별로 안 좋아해.
   B 건강에 좋은 건데.

실력이 쑥!

My vision is blurred. = 시야가 흐릿해.
원어민들은 시력이 약해져 시야가 흐릿해진 건 시신경의 작용에 의한 것으로 보고 <be동사+과거분사> 형태 같은 수동태를 씁니다. 우리와는 조금 다른 관점이라서, 이해하고 써야 하는 부분이기도 합니다.

STEP 4 마무리

TEST 1 우리말 표현을 영어로 써 보세요.

호기심이 많은	팬, 좋아하는 사람	뚫다
~을 얻다	우울하게 만드는	사다, 대접하다
잠에서 깬, 잠들지 않은	~을 살살 다루다	매력적인, 귀여운
흐릿하게 만들다	너무나 추운	출근하지 않고 집에 있다
호의, 친절	가는, 떠나는	구역질이 나는, 메스꺼운

TEST 2 우리말 표현에 맞게 동사 변화를 주세요.

출근하지 않고 집에 있다		출근하지 않고 집에 있었다	
살살 다루다		살살 다루었다	
뚫다		뚫었다	
~을 얻다		~을 얻었다	
사다, 대접하다		샀다, 대접했다	
흐릿하게 만들다		흐릿하게 만들었다	

헷갈리는 단어와 뜻, 한번에 정리해 봅시다.
awake: 깨어 있는 → 형용사예요.
wake up: ~를 깨우다 → wake up은 '~을 완전히 깨우다'의 의미예요. wake만으로는 '~를 깨우다'의 의미를 전합니다.
awaken: (~에) 잠이 깨다 → 동사로 뒤에 〈to+명사〉를 쓰면 잠이 깨게 되는 원인을 나타냅니다.

UNIT 28

STEP 1 문장 쓱 보고 듣기

영어 문장과 우리말 해석을 편안한 마음으로 한 번만 읽어 본 후 쓱 들어보세요.

UNIT 29

421 Sorry / to **bump into** your chair.
죄송합니다 / 의자에 부딪혀서.

422 That's no way / to **treat** a lady.
그럼 안 되지 / 숙녀를 그렇게 대하면.

423 You've got to **make time** / for that.
너 시간 내야 해 / 그거 하게.

424 Without love, / everything else is **meaningless**.
사랑이 없으면 / 다른 건 아무 의미 없어.

425 Think / about your **future**.
생각해 봐 / 네 미래에 대해서.

426 **Sleep on** it.
그거 밤새 좀 생각해 봐.

427 Don't let your coffee / **get cold**.
네 커피 놔 두지 마 / 식어버리게. (= 커피 식기 전에 드세요.)

428 Family **comes first**.
가족이 최우선이지.

429 There must be more / **on his mind** / than that.
뭐가 더 있는 게 틀림없어 / 그 사람 마음에 / 그것보다. (= 그가 생각하고 있는 게 분명 그게 다가 아닐 거야.)

430 You shouldn't be **silent** / about that.
네가 침묵하고 있으면 안 되지 / 그 사실에 대해서.

431 I **went through** that / once.
나도 그런 일 겪어 본 적 있어 / 한 번.

432 I'm going to go upstairs / and **change**.
난 위층에 올라가서 / 옷 갈아 입을게.

433 Your hair looks **awful**.
네 머리 끔찍해 보여. (= 아니 머리가 그게 뭐야. 끔찍해.)

434 **No wonder** / he wants to give up.
당연한 거야 / 걔가 포기하고 싶어 하는 게.

435 It's so **unfair**.
그건 너무 불공평해.

STEP 2 차곡차곡 어휘 쌓기

단어와 뜻을 크게 읽으면서 영어 단어를 정성스레 써 보세요.

bump into
~에 부딪히다 (bump-bumped-bumped)

treat
대하다, 다루다 (treat-treated-treated)

make time
시간을 내다 (make-made-made)

meaningless
의미 없는

future
미래

sleep on
~을 밤새 생각하다 (sleep-slept-slept)

get cold
식다 (get-got-got[ten])

come first
~가 최우선이다 (come-came-come)

on one's mind
생각하고 있는, ~의 의중에

silent
침묵을 지키는, 조용한

go through
겪다, 경험하다 (go-went-gone)

change
옷 갈아 입다 (change-changed-changed)

awful
끔찍한

no wonder
~은 당연한 일이다

unfair
부당한, 불공평한

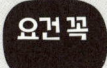 There must be more on his mind than that. = 그가 생각하고 있는 게 분명 그게 다가 아닐 거야.
분명히 뭔가 생각하고 있는 게 있는데 말을 잘 안 할 때 할 수 있는 표현입니다.

UNIT 29

STEP 3   실제론 요래 쓰여요!

우리말의 색깔 부분에 해당하는 영어 표현을 써 보세요. 정답과 영어 표현은 p.208.

1 A Sorry to _____ your chair.
      의자에 부딪혀서 죄송합니다.
   B 아니요, 괜찮습니다.

2 A That's no way to _____ a lady.
      숙녀를 그렇게 대하면 안 되지.
   B 당신이 나한테 이래라저래라 할 입장은 아니잖아?

3 A Don't let your coffee _____. 커피 식기 전에 드세요.
   B 이거 좀 더 뜨겁게 해 주실래요?

4 A 뭐가 가장 최우선이라고 생각하세요?
   B Family _____. 가족이 최우선이죠.

5 A You shouldn't be _____ about that.
      네가 그 사실에 대해 침묵하면 안 되는 거잖아.
   B 난 그것에 대해서 할 말이 없다니까.

6 A I _____ that once.
      나도 그런 일 한 번 겪어 본 적 있어.
   B 그러니까 경험에서 우러나온 말씀인 거죠?

7 A I'm going to go upstairs and _____.
      난 위층에 올라가서 옷 갈아 입을게.
   B 여기에서 기다리고 있을게.

8 A Your hair looks _____. 아니 머리가 그게 뭐야.
   B 밖에 바람이 심하게 불어.

 You've got to make time for that. 너 그거 하게 시간 내야 해.
've got to 이 표현, 영어 공부하다 보면 많이 보일 겁니다. have to(~해야 한다)와 같은 뜻으로, have to는 미국, have got to는 영국 태생입니다. 그런데 미국에서도 have got to를 훨씬 더 애용하지요. 현재완료형의 시작인 have는 의미보다 형태에 주안점을 두기 때문에 흔히 축약시켜서 've got to로 발음하고 표기도 그렇게 합니다.

STEP 4 마무리

TEST 1   우리말 표현을 영어로 써 보세요.

대하다, 다루다	~을 밤새 생각하다	끔찍한
생각하고 있는, ~의 의중에	겪다, 경험하다	~에 부딪히다
부당한, 불공평한	식다	의미 없는
~은 당연한 일이다	미래	시간을 내다
옷 갈아 입다	침묵을 지키는, 조용한	~가 최우선이다

TEST 2   우리말 표현에 맞게 동사 변화를 주세요.

~에 부딪히다		~에 부딪혔다	
대하다, 다루다		대했다, 다뤘다	
시간을 내다		시간을 냈다	
~을 밤새 생각하다		~을 밤새 생각했다	
식다		식었다	
~가 최우선이다		~가 최우선이었다	
겪다, 경험하다		겪었다, 경험했다	

주요 동사와 time이 결합할 때의 의미를 알아볼까요?
make time: 시간을 만들다 (= 시간을 내다)   have time: 시간이 있다 (= 프리하다)
keep time: 시간을 기록하다   do time: 징역을 살다

UNIT 29

STEP 1 문장 쓰윽 보고 듣기

영어 문장과 우리말 해석을 편안한 마음으로 한 번만 읽어 본 후 쓰윽 들어보세요.

UNIT 30

436 Have you seen him / **anywhere**?
걔 봤니 / 아무데서고?

437 Sorry / I **cut in** / like that.
미안해 / 말 잘라서 / 그런 식으로.

438 You have an incredible **figure**.
믿기 힘든 몸매를 가지고 계시네요. (= 몸매가 정말 대단해요.)

439 I'll **keep** you **posted** / if I hear anything further.
계속 소식 전할게 / 뭐라도 더 듣게 되면.

440 What do you need to buy / from the **bookstore**?
뭐 사야 해 / 서점에서?

441 I'd like to buy everything / **in sight**.
다 사고 싶어 / 시야에 들어오는 건.

442 I'll **cook** you dinner / tonight.
내가 너 저녁밥 해 줄게 / 오늘 밤에.

443 A lot of people **used to** say that.
많은 사람들이 그렇게 말하곤 했어 (지금은 안 그렇지만).

444 You are basically **reliable**.
너는 기본적으로 신뢰가 가.

445 I wasn't **prepared** / at all.
난 준비된 게 없었어 / 조금도.

446 He is **good-looking**.
걔 정말 잘 생겼어.

447 Why don't you sit / and **relax**?
앉아서 / 좀 편히 쉬어.

448 Did I **wake** you?
널 내가 깨운 거야? (= 나 때문에 깬 거야?)

449 I enjoy your **company**.
난 너와 함께 있는 걸 즐겨. (= 너하고 있는 게 참 좋아.)

450 I'm not ready / for a **relationship**.
난 준비가 안 돼 있어 / 누군가와 연인관계를 맺을.

STEP 2 차곡차곡 어휘 쌓기

단어와 뜻을 크게 읽으면서 영어 단어를 정성스레 써 보세요.

anywhere
어디에, 어디든

cut in
대화에 끼어들다, 남의 말을 자르다 (cut–cut–cut)

figure
몸매

keep A posted
A에게 계속 정보를 주다 (keep–kept–kept)

bookstore
서점

in sight
시야에 들어오는

cook
음식을 만들다 (cook–cooked–cooked)

used to
~하곤 했다 ▶ 뒤에 동사원형이 옴

reliable
믿을 수 있는, 신뢰가 가는

prepared
준비가 된

good-looking
잘생긴

relax
휴식을 취하다 (relax–relaxed–relaxed)

wake
깨우다 (wake–woke–woken)

company
함께 있음

relationship
연인관계

 요건 꼭

I enjoy your company. = 너하고 있는 게 참 좋아.

이걸, '난 너네 회사를 즐겨'라고 하는 사람도 있어요. 아니 회사를 어떻게 즐길 수가 있나요? company는 '회사'의 뜻도 있지만, '~와 함께 있는 그 자체'를 뜻하기도 합니다. 마음 편한 사람과 있는 건 언제라도 기분 좋죠? 그때 쓸 수 있어요.

UNIT 30

STEP 3   실제론 요래 쓰여요!

우리말의 색깔 부분에 해당하는 영어 표현을 써 보세요. 정답과 영어 표현은 p.208.

1   A   Have you seen him _____? 걔 어디서고 봤어?
    B   우리 방금 전에 걔 체육관에 가는 거 봤는데.

2   A   Sorry I _____ like that.
        그런 식으로 말 잘라서 미안해.
    B   아니야, 괜찮아.

3   A   You have an incredible _____.
        몸매가 정말 대단해요.
    B   비행기 태우지 마세요.

4   A   What do you need to buy from the _____?
        서점에서 뭐 사야 하는데?
    B   그냥 책들 좀 둘러보고 싶어서.

5   A   어려울 때 친구가 진짜 친구야.
    B   A lot of people _____ say that.
        많은 사람들이 그렇게 말하곤 했었지.

6   A   왜 그 일에 지원 안 했어?
    B   I wasn't _____ at all.
        난 준비가 조금도 안 됐었거든.

7   A   Why don't you sit and _____? 앉아서 좀 편히 쉬어.
    B   나 지금 할 일이 산더미야.

8   A   Did I _____ you? 나 때문에 깬 거야?
    B   아니야. 이미 깨어 있었어.

 used to의 쓰임에 주의하세요. 뒤에 동사원형이 오면 '(지금은 안 그렇지만) 과거에 ~하곤 했었다'의 뜻이 됩니다. 같은 의미로 would를 쓸 수도 있는데요, 이 would는 주로 행위를 나타내는 반면, used to 는 행위 외에 상태를 나타내기도 합니다. 그래서 '예전에 이 자리에 나무가 한 그루 있었다'라고 할 때는 There used to be a tree here.지, There would be a tree here.라고는 안 해요.

STEP 4 마무리

TEST 1 우리말 표현을 영어로 써 보세요.

잘생긴	음식을 만들다	몸매
어디에, 어디서든	믿을 수 있는, 신뢰가 가는	관계, 연인관계
서점	휴식을 취하다	함께 있음
대화에 끼어들다, 남의 말을 자르다	시야에 들어오는	깨우다
A에게 계속 정보를 주다	~하곤 했다	준비가 된

TEST 2 우리말 표현에 맞게 동사 변화를 주세요.

대화에 끼어들다, 남의 말을 자르다		대화에 끼어들었다, 남의 말을 잘랐다	
A에게 계속 정보를 주다		A에게 계속 정보를 주었다	
음식을 만들다		음식을 만들었다	
휴식을 취하다		휴식을 취했다	
깨우다		깨웠다	

 '음식을 만들다'라고 할 때 cook을 쓰기도 하고, make를 쓰기도 합니다. 어떤 차이가 있을까요? 먼저, cook은 화력을 이용해 음식을 만들 때 씁니다. 갈비탕, 김치찌개, 파스타 등이 여기에 속하죠. make는 화력을 이용해 음식을 만드는 것 외에 화력 없이 음식을 만들 때에도 씁니다. 대표적인 것으로 김치, 샐러드, 샌드위치, 아이스크림 등이 있습니다. 세상에 완전 똑 같은 의미의 단어는 없어요. 조금씩 의미의 차이가 있는데, 그 차이를 잘 아는 사람이 영어 공부의 승자인 것, 꼭 기억하세요.

UNIT 30

REVIEW
UNIT 26-30

확인학습 다음 우리말 문장을 영어로 쓰세요.

문장 끝에 있는 번호를 찾아 답을 확인하세요.

STEP 1의 번호

1. You need to c_____ the caffeine. — 376
   카페인 좀 줄이셔야겠어요.
2. It's p_____ done. 거의 다 끝났어. — 380
3. Don't l_____. 시선 피하지 마. — 382
4. I'll be o_____. 조신하게 굴게. — 389
5. It was hard to k_____. 웃음을 참기가 힘들었어. — 392
6. I was g_____ with sleep. — 395
   잠에 취해서 내가 정신이 혼미한 상태였어.
7. Don't m_____ this. 이걸 가볍게 보면 안 돼. — 403
8. I'll have to t_____. 내가 좀 더 자세히 봐야겠어. — 405
9. G_____ him. 걔 심하게 다루지 말고 살살해. — 410
10. Can I b_____ a smoke? 담배 좀 한 대 얻어 피울 수 있을까요? — 413
11. Let me b_____ you a drink. 제가 당신에게 술 한잔 사죠. — 414
12. I'm o_____. 나는 그만 가 볼게. — 417
13. S_____ it. 그거 밤새 좀 생각해 봐. — 426
14. Family c_____. 가족이 최우선이지. — 428
15. I'm going to go upstairs and c_____. — 432
    난 위층에 올라가서 옷 갈아 입을게.
16. N_____ he wants to give up. — 434
    걔가 포기하고 싶어 하는 게 당연한 거야.
17. Sorry I c_____ like that. 그런 식으로 말 잘라서 미안해. — 437
18. I'll k_____ you p_____ if I hear anything — 439
    further. 뭐라도 더 듣게 되면 계속 소식 전할게.
19. I enjoy your c_____. 너하고 있는 게 참 좋아. — 449
20. I'm not ready for a r_____. — 450
    난 누군가와 연인관계를 맺을 준비가 안 돼 있어.

다음 뜻에 해당하는 영어 단어를 쓰세요.

괴롭히다	전혀 모르다	A가 B하는 걸 도와주다
대화하다	학대하다, 냉대하다	무엇 때문에?
계획이 있다, 약속이 있다	잠깐 들르다	통찰력이 있는
믿다, 신뢰하다	물어보다, 질문하다	우울하게 만드는
똑똑한	시간을 내다	~을 놀리다
겁에 질리다	유발하다, 일으키다	침묵을 지키는, 조용한
이렇게 늦게까지, 이렇게 늦은 시간에	가지고 오다	이중 턱
불쾌한 냄새가 나다	서두르다, 급히 가다	준비가 된
호기심이 많은	음식을 만들다	뚫다
잠에서 깬, 깨어 있는	매력적인, 귀여운	시야에 들어오는
흐릿하게 만들다	너무나 추운	출근하지 않고 집에 있다
몸매	구역질이 나는, 메스꺼운	~하곤 했다
대하다, 다루다	휴식을 취하다	깨우다
생각하고 있는, ~의 의중에	겪다, 경험하다	~에 부딪히다
부당한	식다	의미 없는

STEP 1 문장 쓰윽 보고 듣기

영어 문장과 우리말 해석을 편안한 마음으로 한 번만 읽어 본 후 쓰윽 들어보세요.

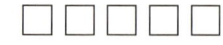

451 **I don't want to start / dating.**
난 시작하고 싶지 않아 / 데이트하는 것.

452 **I should cancel dinner / tonight.**
나 저녁 약속 취소해야 해 / 오늘 밤 거 말이야.

453 **I'm not much of a skier.**
나 대단한 스키어가 아니야. (= 나 스키 잘 못 타.)

454 **It may do you good.**
그게 너한테 도움이 될 지도 모르지.

455 **Can you stand it / for a while?**
그거 견딜 수 있겠어 / 잠시 동안?

456 **I'll be back home / by eight.**
집에 돌아올게 / 8시까지는.

457 **Have him / do it.**
걔한테 시켜 / 그거 하라고.

458 **You deserve taking a couple of days off.**
넌 2, 3일 정도 쉴 자격 있어.

459 **I was too tired / to sleep.**
너무 피곤해서 / 잠을 잘 수가 없었어.

460 **I'm completely over him.**
난 걔 완전히 잊었어.

461 **It was never my intention.**
그건 절대로 내 의도가 아니었어. (= 내가 일부러 그런 게 아니었어.)

462 **I'm sorry / if I made you uncomfortable.**
죄송해요 / 제가 불편하게 해드렸다면.

463 **He's very convincing.**
그 사람 대단히 설득력 있어.

464 **Stop torturing yourself.**
네 자신을 고문하는 것 그만 둬. (= 자학하지 마.)

465 **Don't make it sound / like a crime.**
그게 들리게 하지 마 / 범죄처럼. (= 무슨 범죄를 저지른 것처럼 말하지 마.)

STEP 2 차곡차곡 어휘 쌓기

단어와 뜻을 크게 읽으면서 영어 단어를 정성스레 써 보세요.

date
데이트하다 (date–dated–dated)

cancel
취소하다 (cancell–cancelled–cancelled)

much of
대단히 ~한

do A good
A에게 득이 되다, 도움이 되다 (do–did–done)

stand
참다, 견디다 (stand–stood–stood)

by
(시간으로) ~까지

have
~하도록 시키다

deserve
~을 받을 만하다, ~을 해야 마땅하다
(deserve–deserved–deserved)

too … to ~
너무 … 해서 ~ 할 수 없는
▶ too 뒤에는 형용사/부사, to 뒤에는 동사원형

over
~을 완전히 잊은, ~을 극복한

intention
의도

uncomfortable
불편한

convincing
설득력 있는

torture
고문하다 (torture–tortured–tortured)
▶ torture oneself 자학하다

crime
범죄

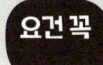 **I'm not much of a skier. = 나 스키 잘 못 타.**
much와 of, 따로 떼어 놓고 보면 어렵지 않지만 함께 있을 때의 의미를 아는 건 실력자로 가는 또 하나의 지름길입니다. I'm not much of 뒤에 다른 단어를 넣어서 응용 연습해 보세요. 영어가 팍팍 늘 겁니다.

UNIT 31

STEP 3 실제론 요래 쓰여요!

우리말의 색깔 부분에 해당하는 영어 표현을 써 보세요. 정답과 영어 표현은 p.209.

1 A I don't want to start _____. 나 데이트 시작하고 싶지 않아.
   B 너 지금 30대 후반이야.

2 A I should _____ dinner tonight.
      나 오늘 밤 저녁 약속 취소해야겠어.
   B 너 벌써 세 번째 취소야.

3 A 나 스키 타는 것 좀 가르쳐 줘.
   B I'm not _____ a skier. 나 스키 잘 못 타.

4 A 그 방법은 채택하지 않을래.
   B It may _____ you _____.
      그게 너한테 도움이 될 지도 모르는데.

5 A 너무 늦게까지 돌아다니지 마.
   B I'll be back home _____ eight.
      8시까지는 집에 돌아올 거야.

6 A _____ him do it. 그거 걔한테 하라고 시켜.
   B 걔는 그 일에 적합하지 않아.

7 A I'm completely _____ him. 난 걔 완전히 잊었어.
   B 너 지금 거짓말하고 있는 거 나 알아.

8 A He's very _____. 그 사람 대단히 설득력 있어.
   B 생각보다 매력적인 걸.

 Have him do it. (걔한테 그거 하라고 시켜.) 여기서 주목해야 할 것은 동사 have입니다. have는 '가지다, 먹다'의 뜻 외에 '제 3자에게 ~하라고 시키다'의 의미가 있어요. 그때 단어가 놓이는 순서는 <have+제3자+동사원형>입니다. 그런데 제3자가 사물일 때는 주로 <have+제3자(사물)+과거분사>의 형태로 씁니다. 이때는 '제3자(사물)가 ~한 상태가 되게 만들다'의 뜻이죠.

STEP 4 마무리

TEST 1   우리말 표현을 영어로 써 보세요.

(시간으로) ~까지	의도	취소하다
범죄	불편한	참다, 견디다
데이트하다	~을 완전히 잊은, ~을 극복한	고문하다
~을 받을 만하다, ~을 해야 마땅하다	A에게 득이 되다, 도움이 되다	~하도록 시키다
대단히 ~한	너무 …해서 ~할 수 없는	설득력 있는

TEST 2   우리말 표현에 맞게 동사 변화를 주세요.

데이트하다		데이트했다	
A에게 득이 되다, 도움이 되다		A에게 득이 되었다, 도움이 되었다	
참다, 견디다		참았다, 견뎠다	
~하도록 시키다		~하도록 시켰다	
~을 받을 만하다		~을 받을 만했다	
고문하다		고문했다	

영어에서 동사원형이나 동사에 -ing를 붙인 진행형으로 쓴다는 건 뭔가를 능동적으로 행한다는 뜻이에요. 반대로 과거분사를 쓴다는 건 자기 의지대로 하는 게 아니라 타인이나 상황의 영향을 받는 거죠.
Have John make dinner. John이 저녁 만들게 시켜. (John이 저녁을 만드는 능동적인 행위)
Have your hair cut. 너 머리 좀 잘라. (머리는 내가 직접 자르는 게 아니고 미용사가 잘라주는 거죠? 머리 쪽에서 봤을 때는 가위질을 당하는 것이어서 cut(자르다)의 과거분사 cut을 썼습니다.)

UNIT 31

STEP 1 문장 쓰윽 보고 듣기

영어 문장과 우리말 해석을 편안한 마음으로 한 번만 읽어 본 후 쓰윽 들어보세요.

UNIT 32

466 **When suits you?**
언제가 너한테 좋아?

467 **We need to give the website / a redesign.**
웹사이트에 주어야 해 / 새로 하는 디자인을. (= 웹사이트 디자인 새로 해야 해.)

468 **No one uses it / but me.**
아무도 그거 안 써 / 나 말고.

469 **Stop reminding me / you're ancient.**
나한테 그만 좀 상기시켜 / 너 나이 많다는 것.

470 **The flight was delayed.**
비행기가 연착됐어.

471 **Do I reek?**
나한테 안 좋은 냄새 나?

472 **Give me / an example.**
나한테 들어 봐봐 / 예를 하나.

473 **I doubt / I'm her type.**
아닌 것 같아 / 내가 그녀가 좋아하는 스타일이라는 게. (= 난 그녀가 좋아하는 타입이 아닌 것 같은데.)

474 **Don't rush into anything.**
무슨 일이든 서두르지 마.

475 **I plead the Fifth / on that one.**
묵비권을 행사하겠어 / 그 부분에 대해서는.

476 **I think / I'm going to take a little nap.**
내 생각에 / 나 잠깐 눈 좀 붙일 거야. (= 잠깐 눈 좀 붙여야겠어.)

477 **He won't bite.**
걔가 너 안 물어. (= 걔가 널 어떻게 하는 것도 아닌데 뭘 망설여.)

478 **What / are you reading?**
뭐 / 읽고 있는 거야?

479 **Why / are you selling yourself / so short?**
왜 / 스스로를 팔아 / 그렇게 짧게? (= 왜 스스로를 그렇게 하찮게 여기는 거야?)

480 **Your package has arrived.**
당신 소포 도착했어.

STEP 2 차곡차곡 어휘 쌓기

단어와 뜻을 크게 읽으면서 영어 단어를 정성스레 써 보세요.

suit
편리하다, (디자인 등이) 맞다 (suit-suited-suited)

redesign
재디자인, 다시 하는 디자인

but
~을 제외하고

ancient
나이가 많은(유머), 오래 된

delay
지연시키다 (delay-delayed-delayed)
▶ 의도치 않게 지연시킴

reek
지독한 악취를 풍기다 (reek-reeked-reeked)

example
예, 보기

one's type
~가 좋아하는 타입

rush into
~에 서둘러 뛰어들다 (rush-rushed-rushed)

plead the Fifth
묵비권을 행사하다 (plead-pleaded-pleaded)

nap
낮에 잠깐 잠, 낮잠
▶ take a nap 잠깐 자다, 낮잠 자다

bite
물다, 악영향을 끼치다 (bite-bit-bitten)

read
(책을) 읽다 (read-read-read)

sell short
하찮게 여기다 (sell-sold-sold)

package
소포

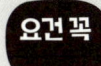 I **plead the Fifth** on that one. = 그 부분에 대해서는 묵비권을 행사하겠어.
the Fifth는 미국의 수정 헌법 제5조로 자기에게 불리한 증언의 거부, 자유·재산권의 보장 등이 규정되어 있습니다. 그래서 plead the Fifth가 묵비권을 행사하겠다는 의미로 쓰입니다.

UNIT 32

STEP 3   실제론 요래 쓰여요!

우리말의 색깔 부분에 해당하는 영어 표현을 써 보세요. 정답과 영어 표현은 p.209.

1.   A   너랑 상의할 게 좀 있어.
       B   When _____ you? 언제가 좋겠어?

2.   A   이 타자기를 평소에 누가 씁니까?
       B   No one uses it _____ me.
           나 말고 아무도 그거 안 써요.

3.   A   내가 너보다 열 살이 많아.
       B   Stop reminding me you're _____.
           당신이 늙었다는 것 좀 그만 상기시켜.

4.   A   Do I _____? 나한테 안 좋은 냄새 나?
       B   응, 조금 나.

5.   A   I doubt I'm _____.
           나는 그녀가 좋아하는 타입이 아닌 것 같아.
       B   무슨 소리야? 걔 너한테 관심 있어.

6.   A   Don't _____ anything. 무슨 일이든 서두르지 마.
       B   아는데, 어쩔 수가 없어.

7.   A   그거 누가 한 짓이야?
       B   I _____ on that one.
           그 부분에 대해서는 묵비권을 행사하겠어.

8.   A   What are you _____? 지금 뭘 읽고 있는 거야?
       B   내가 제일 좋아하는 작가의 신간이야.

 **No one uses it but me. 나 말고 아무도 그거 안 써.**
No one에 주목해 주세요. no one은 대명사로 주어로 주로 쓰입니다. 일단 이 말이 들어간 문장은 부정문이 되어 버리고요, 그래서 따로 not이나 never 같은 단어를 쓰지 않습니다.

STEP 4 마무리

TEST 1 우리말 표현을 영어로 써 보세요.

물다, 악영향을 끼치다	예, 보기	~에 서둘러 뛰어들다
편리하다, (디자인 등이) 맞다	하찮게 여기다	재디자인, 다시 하는 디자인
~가 좋아하는 타입	소포	지연시키다
묵비권을 행사하다	나이가 많은(유머), 오래 된	(책을) 읽다
~을 제외하고	지독한 악취를 풍기다	낮에 잠깐 잠, 낮잠

TEST 2 우리말 표현에 맞게 동사 변화를 주세요.

편리하다, (디자인 등이) 맞다		편리했다, (디자인 등이) 맞았다	
하찮게 여기다		하찮게 여겼다	
지독한 악취를 풍기다		지독한 악취를 풍겼다	
~에 서둘러 뛰어들다		~에 서둘러 뛰어들었다	
묵비권을 행사하다		묵비권을 행사했다	
물다, 악영향을 끼치다		물었다, 악영향을 끼쳤다	
(책을) 읽다		(책을) 읽었다	

'걔 내 스타일 아니야!', '이 옷 딱 내 스타일인 걸!' 이런 표현 자주 쓰죠? 패션이나 액세서리 등이 자기 스타일이라고 할 때는 style이라고 하는 게 맞아요. 하지만, 사람이 자기 스타일일 때는 style이 아니라 type이라고 한다는 점, 꼭 알아두세요.

UNIT 32

STEP 1 문장 쓰윽 보고 듣기

영어 문장과 우리말 해석을 편안한 마음으로 한 번만 읽어 본 후 쓰윽 들어보세요.

481 **We won't have any secrets.**
우리는 (서로에게) 어떤 비밀도 없는 거다.

482 **You can't get away with it.**
그래 놓고 네가 무사히 빠져나갈 수는 없지.

483 **The weather is too nasty.**
날씨가 너무 고약해.

484 **I have butterflies / in my stomach.**
나비가 있네 / 내 뱃속에. (= 정말 긴장돼.)

485 **She'll make a wonderful wife.**
그녀는 아마 훌륭한 아내가 될 거야.

486 **It's snowing / hard.**
눈이 와 / 것도 심하게.

487 **I'm sorry, / but it is urgent.**
죄송합니다 / 그렇지만 급한 일이라서요.

488 **I have other business / to attend to.**
다른 일이 좀 있어서요 / 처리해야 할.

489 **He contacted me / via e-mail.**
그가 저에게 연락했더라고요 / 이메일로.

490 **It might be helpful.**
그게 도움이 될 텐데.

491 **You really should knock off the sweets.**
너 정말 단 거 먹는 것 양을 줄여야 해.

492 **He's knowledgeable / about this.**
걔는 아는 게 참 많아 / 이것에 대해서는.

493 **The gallery is quite a distance / on foot.**
갤러리까지 상당한 거리인데 / 걸어서 가기에는.

494 **I don't want to take up too much / of your time.**
너무 많이 쓰고 싶지 않아 / 네 시간을. (= 내가 네 시간 너무 많이 뺏는 건 아닌지 모르겠다.)

495 **It's no big deal.**
그거 별 일 아니야. (그러니 신경 쓰지 마.)

STEP 2 차곡차곡 어휘 쌓기

단어와 뜻을 크게 읽으면서 영어 단어를 정성스레 써 보세요.

secret
비밀

get away with
~에 대한 벌을 교묘히 모면하다 (get-got-got[ten])

nasty
험한, 못된, 고약한 ▶ 사람·상황에 모두 사용

have butterflies in one's stomach
몹시 긴장하다 (have-had-had)

make
~이 되다 (make-made-made)

snow
눈이 오다 (snow-snowed-snowed)

urgent
긴급한, 다급한

attend to
~에 신경 쓰다, 처리하다
(attend-attended-attended)

via
~을 통하여

helpful
도움이 되는

knock off
~의 양을 줄이다 (knock-knocked-knocked)

knowledgeable
아는 게 많은

quite a distance
상당히 먼 거리

take up
쓰다, 차지하다 (take-took-taken)

big deal
대단히 중요한 일

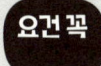 **I have butterflies in my stomach. = 정말 긴장돼.**
원어민들은 심장이 벌렁벌렁 뛰고 긴장되는 상태를 뱃속에서 나비 여러 마리가 날갯짓하는 것으로 비유합니다. 굉장히 시적이죠?

UNIT 33

STEP 3　실제론 요래 쓰여요!

우리말의 색깔 부분에 해당하는 영어 표현을 써 보세요. 정답과 영어 표현은 p.210.

1   A 걔한테 거짓말해도 괜찮을까?
　　B You can't _____ it.
　　　그래 놓고 네가 무사히 빠져나갈 수는 없어.

2   A The weather is too _____. 날씨가 너무 고약해.
　　B 하지만 우리 지금 출발해야 해.

3   A 그걸 혼자 해낼 수 있겠어?
　　B I _____. 정말 긴장돼.

4   A 밖을 좀 봐.
　　B It's _____ hard. 눈이 심하게 오네.

5   A 나하고 같이 갈 수 있겠어요?
　　B I have other business to _____.
　　　처리해야 할 다른 일이 좀 있어요.

6   A 살 빼고 싶어.
　　B You really should _____ the sweets.
　　　너 정말 단 거 먹는 양을 줄여야 해.

7   A He's _____ about this. 걔가 이것에 대해서는 아는 게 참 많아.
　　B 걔는 모르는 게 없어.

8   A 갤러리까지 걸어갈까?
　　B The gallery is _____ on foot.
　　　갤러리까지 걸어가기에는 상당한 거리야.

She'll make a wonderful wife. 그녀는 아마 훌륭한 아내가 될 거야.
make를 '~을 만들다'의 뜻으로 많이 알고 있죠? 그런데, 이 make에 '~이 되다'의 become의 뜻도 있다는 사실, 알고 계셨나요? 성장·발달하여 그 결과 어떤 것이 된다고 할 때 이 make를 쓴다는 것도 참고로 알아두세요.

STEP 4 마무리

TEST 1 우리말 표현을 영어로 써 보세요.

~에 신경 쓰다, 처리하다	아는 게 많은	험한, 고약한, 못된
도움이 되는	비밀	대단히 중요한 일
눈이 오다	~을 통하여	쓰다, 차지하다
~에 대한 벌을 교묘히 모면하다	상당히 먼 거리	몹시 긴장하다
~의 양을 줄이다	긴급한	~이 되다

TEST 2 우리말 표현에 맞게 동사 변화를 주세요.

~에 대한 벌을 교묘히 모면하다		~에 대한 벌을 교묘히 모면했다	
몹시 긴장하다		몹시 긴장했다	
~이 되다		~이 되었다	
눈이 오다		눈이 왔다	
~에 신경 쓰다, 처리하다		~에 신경 썼다, 처리했다	
~의 양을 줄이다		~의 양을 줄였다	
쓰다, 차지하다		썼다, 차지했다	

quite와 quiet, 이 두 단어가 참 많이 헷갈립니다.
quite는 '몹시, 상당히, 꽤'의 의미로 [콰이트]로 발음됩니다. quiet는 '조용한'으로 [콰이어트]로 발음되고요. 알파벳 e의 위치가 t 앞이냐 뒤냐에 따라 의미가 완전히 바뀌기 때문에 원어민들도 자주 혼동하는 대표적인 단어이기도 합니다.

STEP 1 문장 쓰윽 보고 듣기

영어 문장과 우리말 해석을 편안한 마음으로 한 번만 읽어 본 후 쓰윽 들어보세요.

496 **Is** the book **any good**?
그 책 볼 만해?

497 I'm just **browsing**.
그냥 둘러보는 거예요. (상점에서)

498 I need to **pee**.
나 오줌 마려워.

499 You can **count on** me.
나 믿어도 돼.

500 You're **under age**.
너 미성년자잖아.

501 Don't **fuss**.
호들갑 좀 떨지 마.

502 People **spill** too many **beans** / when drunk.
사람들은 비밀 얘기를 너무 많이 해 / 술에 취하면.

503 We should **face the music**.
우리가 저지른 잘못인데 우리가 달게 받아야지.

504 Let's **get it over with**.
(어차피 할 일인데 내키지 않아도) 빨리 해치워 버리자.

505 Is it **terminal**?
고칠 수 없는 병인가요?

506 Don't take it / **personally**.
그걸 받아들이지 마 / 개인적으로. (= 너 때문에 그런 게 아니니까 자책하지 마.)

507 I'm so angry / and **bitter**.
정말 화나고 / 억울해.

508 I spilled coffee / in my **lap**.
나 커피 쏟았어 / 무릎에다.

509 May I ask / **why**?
물어봐도 될까요 / 왜 그런지 이유를?

510 I **got fixed up** / on a blind date.
나 주선 받았어 / 소개팅.

STEP 2　차곡차곡 어휘 쌓기

단어와 뜻을 크게 읽으면서 영어 단어를 정성스레 써 보세요.

any good
쓸 만한 ▶ 앞에 오는 단어에 따라 '먹을 만한/읽을 만한' 등으로 변형

browse
둘러보다, 훑어보다 (browse–browsed–browsed)

pee
오줌을 누다 (pee–peed–peed)

count on
믿다, 신뢰하다 (count–counted–counted)

under age
미성년자인

fuss
요란 법석을 떨다 (fuss–fussed–fussed)

spill the beans
비밀을 누설하다 (spill–spilled–spilled)

face the music
자신의 행동에 대해 벌을 받다 (face–faced–faced)

get it over with
성가신 일을 빨리 해치우다

terminal
말기의, 불치의

personally
사적으로, 개인적으로

bitter
억울한

lap
(다리 위 넙적한 부분의) 무릎

why
이유

get fixed up
~을 주선 받다

 **People spill too many beans when drunk.** = 술에 취하면 사람들은 비밀 얘기를 너무 많이 해.
영어권 사람들은 속에 있던 비밀 이야기를 내뱉는 걸 이렇게 콩을 와르르 쏟아버리는 것에 비유한답니다.

UNIT 34

STEP 3 실제론 요래 쓰여요!

우리말의 색깔 부분에 해당하는 영어 표현을 써 보세요. 정답과 영어 표현은 p.210.

1. A Is the book _____? 그 책 볼 만해?
   B 아주 흥미진진해.

2. A 찾는 게 있으세요?
   B I'm just _____. 그냥 둘러보는 거예요.

3. A 정말 비밀로 해야 해.
   B You can _____ me. 나 믿어도 돼.

4. A 괜찮은 거야? 택시 부를까?
   B I'm okay. Don't _____. 나 괜찮아. 호들갑 좀 떨지 마.

5. A We should _____.
      우리가 저지른 잘못인데 우리가 달게 받아야지.
   B 난 너무 무서워.

6. A Let's _____.
      어차피 할 일인데 내키지 않아도 빨리 해치워 버리자.
   B 그 일 하기 정말 싫어.

7. A Don't take it _____.
      너 때문에 그런 게 아니니까 자책하지 마.
   B 하지만 그거 내 실수잖아.

8. A I'm so angry and _____. 정말 화나고 억울해.
   B 네 기분 내가 잘 알아.

실력이 쏙! Can I ~?나 May I ~?나 똑같이 '~해도 돼요?'라고 허락을 구하는 표현이에요. 하지만 May I ~?가 Can I ~?보다 조금 더 공손하고 격식을 갖춘 느낌을 주기 때문에 윗사람에게 말할 때는 May I ~?를 쓰는 걸 추천합니다.

STEP 4 마무리

TEST 1 우리말 표현을 영어로 써 보세요.

믿다, 신뢰하다	성가신 일을 빨리 해치우다	억울한
~을 주선 받다	쓸 만한	미성년자인
사적으로, 개인적으로	오줌을 누다	자신의 행동에 대해 벌받다
이유	요란 법석을 떨다	말기의, 불치의
(다리 위 넙적한 부분의) 무릎	비밀을 누설하다	둘러보다, 훑어보다

TEST 2 우리말 표현에 맞게 동사 변화를 주세요.

둘러보다, 훑어보다		둘러봤다, 훑어봤다	
오줌을 누다		오줌을 누었다	
~을 주선 받다		~을 주선 받았다	
요란 법석을 떨다		요란 법석을 떨었다	
비밀을 누설하다		비밀을 누설했다	
자신의 행동에 대해 벌받다		자신의 행동에 대해 벌받았다	
성가신 일을 빨리 해치우다		성가신 일을 빨리 해치웠다	

다리 위 넙적한 부분의 무릎이 lap이라고 했는데, 그럼 다리 중앙의 둥근 뼈 부분의 무릎은 뭐라고 할까요? 바로 knee라고 합니다. 참고로 잘못했을 때 무릎 꿇고 손 들었던 기억들 다들 있죠? 그때의 '무릎 꿇다'는 바로 kneel입니다. lap, knee, kneel 꼭 알아두고 활용하세요.

UNIT 34

STEP 1 문장 쓰윽 보고 듣기

영어 문장과 우리말 해석을 편안한 마음으로 한 번만 읽어 본 후 쓰윽 들어보세요.

511 **Can** you meet me at the bar / **after work**?
그 바에서 나 만날 수 있어 / 퇴근 후에? (= 퇴근 후에 그 바에서 만날까?)

512 That's all / in my **past**.
그게 다야 / 내 과거에서는. (= 그건 다 옛날 얘기야.)

513 What's the **capital** of Italy?
이탈리아의 수도가 뭐지?

514 I know / I'm a **liability**.
나도 알아 / 내가 골칫덩어리라는 거.

515 What did he promise you / **in return**?
걔가 너한테 뭘 약속했어 / 보답으로?

516 You sound very **certain** / about that.
너 아주 확신하는 것처럼 들린다 / 그거에 관해서. (= 아주 확신에 차서 얘기하네.)

517 I'**m** not that **into** wine.
내가 그 정도로 와인을 좋아하는 건 아니고.

518 It is not **founded** / in fact.
그건 기초를 둔 게 아니잖아 / 사실에.

519 I'm going to have to **think** this **over**.
(시간을 갖고) 이걸 잘 생각해 봐야겠어.

520 Don't **be** so **sure** / **of** that.
너무 확신하지 마 / 그거.

521 The toilet was **yucky**.
변기가 완전 구역질 났어.

522 He doesn't drink / for **religious** reasons.
그 사람 술 안 마셔 / 종교적인 이유 때문에.

523 She's famous / for being **unpredictable**.
걔 유명하잖아 / 예측 불가능한 걸로.

524 I was really **sad** / to hear about that.
정말 슬펐어 / 그 얘기 듣고.

525 **My mind** is **made up**.
내 마음은 정해졌어. (= 나 결심했어.)

STEP 2 차곡차곡 어휘 쌓기

단어와 뜻을 크게 읽으면서 영어 단어를 정성스레 써 보세요.

after work
퇴근 후에

past
과거

capital
(한 나라의) 수도

liability
골칫덩어리

in return
보답으로

certain
확실한, 확신에 찬

be into
~에 빠지다, ~을 좋아하다

found
기반을 두다 (found–founded–founded)
▶ found in ~에 기반을 두다

think over
심사숙고하다 (think–thought–thought)

be sure of
~을 확신하다

yucky
역겨운, 구역질 나는

religious
종교적인

unpredictable
예측할 수 없는

sad
슬픈, 우울한

make up one's mind
결심하다 (make–made–made)

 I'm not that into wine. = 내가 그 정도로 와인을 좋아하는 건 아니고.
be into ~는 직역하면 '~ 안으로 들어가 있다'로 '(좋아서) ~에 푹 빠지다, 반하다'의 의미입니다. 한때 베스트셀러였던 '그는 당신에게 반하지 않았다'라는 책의 원제가 바로 He was not into you.지요.

UNIT 35

STEP 3 실제론 요래 쓰여요!

우리말의 색깔 부분에 해당하는 영어 표현을 써 보세요. 정답과 영어 표현은 p.211.

1. A Can you meet me at the bar _____?
   퇴근 후에 그 바에서 만날까?
   B 7시에 갈게.

2. A What's the _____ of Italy? 이탈리아의 수도가 뭐지?
   B 지금 장난해?

3. A I know I'm a _____. 내가 골칫덩어리라는 거 나도 잘 알아.
   B 나한테 그런 소리 마.

4. A 걔는 분명히 해낼 거야.
   B You sound very _____ about that.
   아주 확신에 차서 얘기하네.

5. A 그 이론, 어떻게 생각해?
   B It is not _____ in fact. 그게 사실에 기반한 게 아니잖아.

6. A 그 비즈니스는 분명히 돈이 돼.
   B Don't _____ so _____ that.
   그걸 너무 확신하지 마.

7. A 걔 술 안 마셔?
   B He doesn't drink for _____ reasons.
   종교적인 이유 때문에 걔 술 안 마셔.

8. A 너 저 여자에 대해서 잘 알아?
   B Yes. She's famous for being _____.
   응, 예측 불가능한 걸로 유명해.

> **실력이 쓱!**
> I was really sad to hear about that. 그 얘기 듣고 정말 슬펐어.
> sad(슬픈), glad(기쁜), pleased(기분 좋은)처럼 감정을 나타내는 말 뒤에 <to+동사원형>이 나오면 그런 감정을 느끼게 된 원인을 설명하게 됩니다.

STEP 4 마무리

TEST 1 우리말 표현을 영어로 써 보세요.

(한 나라의) 수도	확실한, 확신에 찬	예측할 수 없는
심사숙고하다	결심하다	과거
퇴근 후에	보답으로	기반을 두다
종교적인	~을 확신하다	슬픈, 우울한
골칫덩어리	~에 빠지다, ~을 좋아하다	역겨운, 구역질 나는

TEST 2 우리말 표현에 맞게 동사 변화를 주세요.

~에 빠지다, ~을 좋아하다		~에 빠졌다, ~을 좋아했다	
기반을 두다		기반을 뒀다	
심사숙고하다		심사숙고했다	
~을 확신하다		~을 확신했다	
결심하다		결심했다	

모양은 같지만 여러 뜻이 있는 단어들이에요.
past: 명사로는 '과거'의 뜻이고요, 전치사로는 '~을 지나쳐서'의 뜻이 있어요.
capital: '(한 나라의) 수도' 외에 '자본'이란 뜻도 있고, '대문자'의 뜻도 있어요.
liability: '골칫덩어리'라는 뜻도 있지만, '(남에게 진) 부채'라는 뜻도 있어요.
certain: '확신하는'의 뜻도 있고, '어떤'의 의미도 있어요.

UNIT 35

REVIEW
UNIT 31-35

확인학습 다음 우리말 문장을 영어로 쓰세요.

문장 끝에 있는 번호를 찾아 답을 확인하세요.　　　　　　　　　　　　　　　　**STEP 1의 번호**

1. I'm not m_____ a skier. 나 스키 잘 못 타. | 453
2. H_____ him do it. 걔한테 그거 하라고 시켜. | 457
3. I'm completely o_____ him. 난 걔 완전히 잊었어. | 460
4. Stop t_____ yourself. 자학하지 마. | 464
5. No one uses it b_____ me. 나 말고 아무도 그거 안 써. | 468
6. Do I r_____? 나한테 안 좋은 냄새 나? | 471
7. I p_____ on that one. 그 부분에 대해서는 묵비권을 행사하겠어. | 475
8. He won't b_____. 걔가 너 안 물어. | 477
9. Why are you s_____ yourself so s_____? | 479
   왜 스스로를 그렇게 하찮게 여기는 거야?
10. You can't g_____ it. 그래 놓고 네가 무사히 빠져나갈 수는 없지. | 482
11. I h_____. 정말 긴장돼. | 484
12. She'll m_____ a wonderful wife. 그녀는 아마 훌륭한 아내가 될 거야. | 485
13. You really should k_____ the sweets. | 491
    너 정말 단 거 먹는 것 양을 줄여야 해.
14. I don't want to t_____ too much of your time. | 494
    내가 네 시간을 너무 많이 뺏는 건 아닌지 모르겠다.
15. Is the book a_____? 그 책 볼 만해? | 496
16. You're u_____. 너 미성년자잖아. | 500
17. People s_____ too many b_____ when drunk. | 502
    사람들은 술에 취하면 비밀 얘기를 너무 많이 해.
18. We should f_____. 우리가 저지른 잘못인데 우리가 달게 받아야지. | 503
19. Let's g_____. (어차피 할 일인데 내키지 않아도) 빨리 해치워 버리자. | 504
20. I g_____ on a blind date. 나 소개팅 주선 받았어. | 510
21. What's the c_____ of Italy? 이탈리아의 수도가 뭐지? | 513
22. I know I'm a l_____. 나도 내가 골칫덩어리라는 거 알아. | 514
23. What did he promise you i_____? | 515
    걔가 보답으로 너한테 뭘 약속했어?
24. M_____ is m_____. 나 결심했어. | 525

168

다음 뜻에 해당하는 영어 단어를 쓰세요.

(시간으로) ~까지	의도	취소하다
범죄	불편한	참다, 견디다
받을 만하다, ~을 해야 마땅하다	A에게 득이 되다, 도움이 되다	데이트하다
너무 …해서 ~할 수 없는	설득력 있는	낮에 잠깐 잠, 낮잠
예, 보기	~에 서둘러 뛰어들다	상당히 먼 거리
편리하다, (디자인 등이) 맞다	재디자인, 다시 하는 디자인	긴급한
~가 좋아하는 타입	소포	지연시키다
나이가 많은(유머), 오래 된	확실한, 확신에 찬	~에 빠지다, ~을 좋아하다
~에 신경 쓰다, 처리하다	아는 게 많은	험한, 고약한, 못된
도움이 되는	기반을 두다	대단히 중요한 일
종교적인	~을 통하여	역겨운, 구역질 나는
믿다, 신뢰하다	억울한	심사숙고하다
사적으로	~을 확신하다	슬픈, 우울한
이유	요란 법석을 떨다	말기의, 불치의
(다리 위 넙적한 부분의) 무릎	둘러보다, 훑어보다	퇴근 후에

STEP 1 문장 쓰윽 보고 듣기

영어 문장과 우리말 해석을 편안한 마음으로 한 번만 읽어 본 후 쓰윽 들어보세요.

UNIT 36

526 **I don't want / there to be any misunderstandings.**
난 원하지 않아 / 거기에 어떤 오해도 있는 걸. (= 난 어떤 오해도 없으면 좋겠어.)

527 **It's hard / to describe.**
힘드네 / 뭐라고 설명하기가.

528 **How did you react?**
넌 어떻게 반응했어?

529 **She used to crack me up.**
걔가 예전엔 나를 아주 배꼽 잡게 했었어.

530 **I work / at a movie theater, / part-time.**
나 일해 / 극장에서 / 파트타임으로.

531 **Why don't you at least try a bite?**
적어도 한 입이라도 좀 먹어 보지 그래?

532 **What have you been up to / today?**
어떻게 지냈어 / 오늘?

533 **I'm just killing time.**
지금 그냥 시간 죽이는 중이야.

534 **Why are you / in such a cranky mood?**
왜 그러고 있어 / 그렇게 짜증내는 기분으로? (= 왜 그렇게 심하게 짜증이 나 있어?)

535 **You're trying to blame / all this on me?**
너 지금 탓하는 거야 / 이게 다 내 잘못이라고?

536 **She's still getting over a cold.**
걔 아직도 감기에서 회복되는 중이야.

537 **You can skip a day.**
하루 건너뛰어도 돼.

538 **You're missing the point.**
네가 핵심을 놓치고 있어. (= 지금 그 얘기가 아니잖아.)

539 **You're picking a fight / again.**
네가 지금 싸움을 걸고 있잖아 / 또.

540 **That sounds delicious.**
그거 맛있게 들린다. (= 듣기만 해도 군침이 돈다.)

STEP 2 차곡차곡 어휘 쌓기

단어와 뜻을 크게 읽으면서 영어 단어를 정성스레 써 보세요.

misunderstanding
오해

describe
자세히 묘사하다, 설명하다
(describe–described–described)

react
반응하다 (react–reacted–reacted)

crack somebody up
~을 몹시 웃기다 (crack–cracked–cracked)

part-time
파트타임으로

at least
적어도

be up to
~하다, 지내다

kill time
시간을 죽이다 (kill–killed–killed)

cranky
짜증을 내는

blame
~을 탓하다(blame–blamed–blamed)
▶ blame A on B A가 B 때문이라고 탓하다

get over
극복하다, 이겨내다 (get–got–got[ten])

skip
건너뛰다 (skip–skipped–skipped)

miss
놓치다 (miss–missed–missed)

pick a fight
싸움을 걸다 (pick–picked–picked)

delicious
맛있는

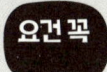 **요건 꼭** I don't want there to be any **misunderstandings.** = 난 어떤 오해도 없으면 좋겠어.
우리도 '오해하지 마' 이렇게도 하지만, '오해 없으면 좋겠어' 이렇게도 말하잖아요. 이 '오해 없으면 좋겠어'에
해당하는 근사한 말이 I don't want there to be any misunderstandings.입니다.

UNIT 36

STEP 3   실제론 요래 쓰여요!

우리말의 색깔 부분에 해당하는 영어 표현을 써 보세요. 정답과 영어 표현은 p.211.

1 A 왜 그런 일이 생긴 거야?
   B It's hard to _____. 뭐라고 설명하기가 힘들어.

2 A How did you _____? 년 어떻게 반응했어?
   B 그냥 도망갔지.

3 A 걔 재미있어?
   B She used to _____ me _____.
      예전엔 걔가 나를 아주 배꼽 잡게 했었어(근데 지금은 아니야).

4 A Why don't you _____ try a bite?
      적어도 한 입이라도 좀 먹어 보지 그래?
   B 나 계란 알레르기 있어.

5 A 너 지금 여기서 뭐 해?
   B I'm just _____. 그냥 시간 죽이고 있는 중이야.

6 A Why are you in such a _____ mood?
      왜 그렇게 심하게 짜증이 나 있어?
   B 그 자식이 말을 번복하잖아.

7 A You can _____ a day. 하루쯤 건너뛰어도 돼.
   B 안 돼. 매일 연습해야 해.

8 A You're _____ the point. 지금 핵심을 놓치고 있잖아.
   B 그런 거야? 미안.

실력이 쑥! part-time은 그 자체로 '파트타임으로'의 뜻이에요. '아르바이트직'은 part-time job이라고 하고요. 그럼 '정규직으로', '정규직'은 뭐라고 할까요? full-time, full-time job이라고 하면 됩니다.

STEP 4 마무리

TEST 1   우리말 표현을 영어로 써 보세요.

자세히 묘사하다, 설명하다	짜증을 내는	건너뛰다
맛있는	~하다, 지내다	적어도
싸움을 걸다	시간을 죽이다	~을 몹시 웃기다
놓치다	극복하다, 이겨내다	오해
반응하다	파트타임으로	~을 탓하다

TEST 2   우리말 표현에 맞게 동사 변화를 주세요.

자세히 묘사하다, 설명하다		자세히 묘사했다, 설명했다	
싸움을 걸다		싸움을 걸었다	
~을 몹시 웃기다		~을 몹시 웃겼다	
시간을 죽이다		시간을 죽였다	
~을 탓하다		~을 탓했다	
극복하다, 이겨내다		극복했다, 이겨냈다	
건너뛰다		건너뛰었다	

delicious가 글 속에서 주로 쓰인다고 했잖아요. 문어체 어휘가 구어체에서 쓰이면 보다 강한 의미를 전하게 되지요. 그래서 '매우 맛있는'으로 사용하게 되는 거예요. 참고로 '맛있는'과 관련해 자주 쓰이는 단어로 yummy가 있습니다. '아주 맛있는'으로 회화에서 많이 쓰이죠.

UNIT 36

STEP 1 문장 쓱 보고 듣기

영어 문장과 우리말 해석을 편안한 마음으로 한 번만 읽어 본 후 쓱 들어보세요.

541 **Put in a good word** / **for** me.
좋은 말을 놓아 줘 / 나를 위해. (= 내 얘기 좀 잘해 줘.)

542 I appreciate the **compliment**.
칭찬해 주셔서 정말 감사합니다.

543 He's always been **clueless**.
걔는 늘 보면 애가 아주 멍청해.

544 I can't **get the hang of** it.
감이 안 잡히네.

545 I'm in a **position** / to help you.
나 그런 위치에 있어 / 당신을 도울 수 있는.

546 How do you stay / so **fit**?
어떻게 유지하는 거야 / 그렇게 몸을 탄탄하게?

547 He's very **cooperative**.
걔는 대단히 협조적이야.

548 You can **confide in** me.
나한테 다 털어놔 봐.

549 I've got to **run**.
나 서둘러 움직여야 해. (= (통화 도중) 나 어서 전화 끊어야 해.)

550 I'm **a social misfit**.
나 사회 부적응자야.

551 Let me check and see / if he's **available**.
확인해 보겠습니다 / 그 분이 시간이 되시는지.

552 I never **overheard** anything.
난 아무것도 절대 엿들은 것 없어.

553 I have an hour **free**.
나 한 시간 여유 있어.

554 **Come to think of it**, / it's a little scary.
(네 말 듣고) 생각해 보니, / 약간 섬뜩하긴 하네.

555 Are you **seeing** anyone?
만나는 사람 있어?

STEP 2   차곡차곡 어휘 쌓기

단어와 뜻을 크게 읽으면서 영어 단어를 정성스레 써 보세요.

put in a good word for
~에 대해서 얘기를 잘해 주다 (put-put-put)

compliment
칭찬

clueless
아주 멍청한

get the hang of
~을 이해하다, ~에 대해 감을 잡다
(get-got-got[ten])

position
위치, 입장

fit
(몸이) 건강한, 탄탄한

cooperative
협조적인

confide in
~에게 솔직히 털어놓다
(confide-confided-confided)

run
서둘러 움직이다 (run-ran-run)

a social misfit
사회적 부적응자

available
시간이 있는, 여유가 있는
▶ 이런 의미일 때는 주어가 사람일 때임

overhear
우연히 엿듣다 (overhear-overheard-overheard)

free
시간적으로 한가한, 자유로운

come to think of it
생각해 보니 (come-came-come)

see
만나다, 데이트하다 (see-saw-seen)

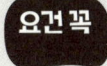 **Put in a good word for me.** = 내 얘기 좀 잘해 줘.
청탁금지법이 생기기는 했지만, 다른 사람에게 내 얘기 한마디 잘해 주는 게 살다 보면 큰 도움이 될 때가 있습니다. '내 얘기 좀 잘해 줘.' 이 말, 영어로는 바로 위의 문장처럼 한답니다.

UNIT 37

STEP 3 실제론 요래 쓰여요!

우리말의 색깔 부분에 해당하는 영어 표현을 써 보세요. 정답과 영어 표현은 p.212.

1 A 나 내일 그 사람 만나.
   B _____ me. 내 얘기 좀 잘해 줘.

2 A 걔는 왜 내 말을 이해 못할까?
   B He's always been _____. 걔 늘 보면 애가 아주 멍청해.

3 A I can't _____ it. 감이 안 잡히네, 감이.
   B 그게 초심자에게는 이해하기 어려운 거야.

4 A How do you stay so _____?
      어떻게 그렇게 탄탄한 몸을 유지하는 거야?
   B 식이요법도 하고 매일 운동하니까요.

5 A 감정을 더 이상 억제할 수가 없어.
   B You can _____ me. 나한테 다 털어놔 봐.

6 A I'm a _____. 난 사회 부적응자야.
   B 난 그렇게 생각 안 해.

7 A 너 지금 시간 좀 있어?
   B I have an hour _____. 나 한 시간 여유 있어.

8 A 걔가 어제 한 말 좀 무섭지 않았어?
   B _____, it's a little scary.
      생각해 보니, 약간 섬뜩하긴 하네.

 available은 이 단어가 설명해 주는 단어가 사람이냐, 사물이냐에 따라 의미가 달라집니다. 설명해 주는 단어가 사람이면 '시간 여유가 되는, 시간이 나는'의 뜻이고요, 사물이면 '사용할 수 있는, 이용 가능한'의 뜻입니다.

STEP 4 마무리

TEST 1 우리말 표현을 영어로 써 보세요.

위치, 입장	우연히 엿듣다	(몸이) 건강한, 탄탄한
~에 대해서 얘기를 잘해 주다	사회적 부적응자	만나다, 데이트하다
칭찬	생각해 보니	협조적인
아주 멍청한	서둘러 움직이다	시간적으로 한가한, 자유로운
시간이 있는, 여유가 있는	~에게 솔직히 털어놓다	~을 이해하다, ~에 대해 감을 잡다

TEST 2 우리말 표현에 맞게 동사 변화를 주세요.

~에 대해서 얘기를 잘해 주다		~에 대해서 얘기를 잘해 줬다	
~에 대해 감을 잡다		~에 대해 감을 잡았다	
~에게 솔직하게 털어놓다		~에게 솔직하게 털어놓았다	
서둘러 움직이다		서둘러 움직였다	
우연히 엿듣다		우연히 엿들었다	
만나다, 데이트하다		만났다, 데이트했다	

compliment는 '칭찬'이에요. 하지만 I 대신 e를 써서 complement가 되면 '보완, (문법상의) 보어'의 뜻이 돼요. 원어민들도 헷갈려 쓰는 단어 상위권에 들지요.
see도 '만나다'고, meet도 '만나다'인데 차이점이 뭘까요?
누군가를 처음 만나서 '만나서 반갑습니다.'를 말할 때는 반드시 Nice to meet you.를 씁니다. Nice to see you.라고 하지 않아요. 그리고 meet는 누군가를 만나는 행위 자체를 말하지 시간을 함께 보내는 의미는 없어요. 반면에 see는 누군가를 만나는 행위는 물론 함께 시간을 보내는 것까지를 포함합니다.

UNIT 37

STEP 1 문장 쓰윽 보고 듣기

영어 문장과 우리말 해석을 편안한 마음으로 한 번만 읽어 본 후 쓰윽 들어보세요.

UNIT 38

556 **I didn't realize / I had so much competition.**
미처 몰랐어 / 그렇게 경쟁이 심한지.

557 **Don't dominate the conversation.**
대화를 지배하지 마. (= 대화할 때 혼자만 떠들고 하지 마.)

558 **You're a rather deft liar.**
거짓말을 꽤 능숙하게 하시는군요.

559 **I'll let you off / this time.**
내가 너 봐 줄게 / 이번엔.

560 **What gives you that impression?**
뭐가 당신에게 그런 인상을 주나요? (= 어떻게 그런 인상을 받게 되었어요?)

561 **Why don't you give me a call / if you change your mind?**
저한테 전화하세요 / 생각이 바뀌면.

562 **It is such a gorgeous magazine.**
그거 완전 대단한 잡지야.

563 **You really outdid yourself / today.**
너 평소와는 달리 정말 잘했어 / 오늘따라.

564 **There was a little mix-up.**
혼동이 좀 있었습니다.

565 **I am uninterested / in such details.**
나는 관심 없어 / 그런 시시콜콜한 것엔.

566 **Don't look so down.**
그렇게 의기소침해 있지 마.

567 **She comes down on me / when you're late.**
걔가 나한테 막 뭐라고 그래 / 네가 늦으면.

568 **Can we talk / over dinner?**
얘기 좀 할 수 있어 / 저녁 식사하면서?

569 **What do you have / in mind?**
뭐가 있는 건데 / 마음 속에? (= 무슨 생각으로 그렇게 말하는 건데? / 무슨 복안이 있는 거야?)

570 **I think / you fit the bill.**
내 생각에 / 네가 그 조건에 딱 맞아, 딱.

178

STEP 2 차곡차곡 어휘 쌓기

단어와 뜻을 크게 읽으면서 영어 단어를 정성스레 써 보세요.

competition
경쟁

dominate
지배하다 (dominate–dominated–dominated)

deft
능숙한

let somebody off
(상황이나 처지 등을) 봐 주다 (let–let–let)

impression
인상

give A a call
A에게 전화하다 (give–gave–given)

gorgeous
대단한, 훌륭한

outdo oneself
전에 없이 잘하다 (outdo–outdid–outdone)

mix-up
혼동

uninterested
관심이 없는

down
우울한, 의기소침한

come down on
~을 몹시 나무라다 (come–came–come)

over
~하는 동안, ~하면서

have in mind
생각하고 있다, 마음에 두고 있다 (have–had–had)

fit the bill
꼭 들어맞다, 알맞다 (fit–fitted[fit]–fitted[fit])

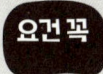 **What gives you that impression?** = 어떻게 그런 인상을 받게 되었어요?

우리말과 달리 영어는 사물이나 추상적인 개념을 동사 행위의 주체로 사용하기도 합니다. 이렇게 쓰는 이유는 인상을 받은 너(you)에게 초점을 주는 게 아니라 그런 인상을 갖게 한 상황에 초점을 주기 때문이에요.

UNIT 38

STEP 3 실제론 요래 쓰여요!

우리말의 색깔 부분에 해당하는 영어 표현을 써 보세요. 정답과 영어 표현은 p.212.

1 A 지금도 수없이 많은 여성들이 이 일을 간절히 원하거든.
   B I didn't realize I had so much _____.
   그렇게 경쟁이 심한지 미처 몰랐네.

2 A Don't _____ the conversation.
   대화할 때 혼자만 떠들고 그러지 마.
   B 너희들이 아무 말을 안 하니까 그렇지.

3 A You're a rather _____ liar.
   거짓말을 꽤 능숙하게 하시는군요.
   B 당신보다야 덜하겠지.

4 A I'll _____ you _____ this time.
   이번엔 제가 봐 드리죠.
   B 감히 나한테 그런 식으로 말하다니!

5 A It's such a _____ magazine. 그거 완전 대단한 잡지야.
   B 내 생각은 좀 다른데.

6 A 오늘 나 어땠어?
   B You really _____ today.
   오늘따라 정말 잘했어.

7 A 걔가 뭘 좋아하고 어디를 주로 다니는지도 알고 싶은 거야?
   B I'm _____ in such details.
   나는 그런 시시콜콜한 것엔 관심 없어.

8 A Can we talk _____ dinner?
   저녁 식사하면서 얘기 좀 할 수 있어?
   B 그거 좋지.

STEP 4 마무리

TEST 1   우리말 표현을 영어로 써 보세요.

생각하고 있다, 마음에 두고 있다	(상황이나 처지 등을) 봐 주다	경쟁
전에 없이 잘하다	지배하다	우울한, 의기소침한
혼동	~하는 동안, ~하면서	인상
꼭 들어맞다, 알맞다	대단한, 훌륭한	능숙한
~을 몹시 나무라다	관심이 없는	A에게 전화하다

TEST 2   우리말 표현에 맞게 동사 변화를 주세요.

지배하다		지배했다	
(상황이나 처지 등을) 봐 주다		(상황이나 처지 등을) 봐 줬다	
A에게 전화하다		A에게 전화했다	
전에 없이 잘하다		전에 없이 잘했다	
~을 몹시 나무라다		~을 몹시 나무랐다	
생각하고 있다, 마음에 두고 있다		생각하고 있었다, 마음에 두고 있었다	
꼭 들어맞다, 알맞다		꼭 들어맞았다, 알맞았다	

영어에서 동사에 out-이 붙으면 '~을 능가하여'의 뜻이 있습니다. do에 out이 붙은 outdo는 '~을 능가하여 잘하다', outrun은 '~보다 빨리 달리다', outthink는 '~보다 깊이 생각하다'의 뜻이지요.

STEP 1 문장 쓰윽 보고 듣기

영어 문장과 우리말 해석을 편안한 마음으로 한 번만 읽어 본 후 쓰윽 들어보세요.

UNIT 39

571 **He disproves** / of me going there.
그 사람은 못 마땅해해 / 내가 거기 가는 걸.

572 **She calls** / me a **nerd**.
걔가 부르더라니까 / 날 완전 따분하고 유행 감각도 없는 사람으로.

573 **She doesn't mean any harm** / by it.
그녀가 무슨 해를 끼치려는 게 아니야 / 그렇게 하면서.

574 Be **rational**.
합리적으로 굴어.

575 **I'm lucky** / you're such **a quick study**.
다행이네 / 네가 말귀를 빨리 알아들어서.

576 Now / **remove** it.
자, / 그거 치워.

577 It's just **a matter of time**.
그건 그저 시간 문제야.

578 **Brace** yourself.
마음 단단히 먹어라.

579 She sounded genuinely **concerned**.
그녀는 진정으로 염려하는 목소리였어.

580 I'm **staying over**.
오늘은 여기에서 자고 갈 거야.

581 I live / by my **instincts**.
나 사는 사람이야 / 내 직감으로.

582 What do you like to do / **for fun**?
뭐 하는 거 좋아해요 / 재미로? (= 취미가 뭐예요?)

583 How did I **come across**?
내 인상 어땠어?

584 Can you **talk** her **into** it?
그녀가 그걸 하게 설득할 수 있어?

585 Can I ask / what you **intend** to do / with it?
물어봐도 돼 / 뭘 할 생각인지 / 그걸로?

STEP 2 차곡차곡 어휘 쌓기

단어와 뜻을 크게 읽으면서 영어 단어를 정성스레 써 보세요.

disapprove
못마땅해하다
(disapprove–disapproved–disapproved)

nerd
완전 따분하고 유행에 뒤떨어진 사람

harm
해, 피해

rational
합리적인, 이성적인

a quick study
이해가 빠른 사람

remove
없애다, 치우다 (remove–removed–removed)

a matter of time
시간 문제

brace
스스로 대비하다, 대비시키다
(brace–braced–braced)

concerned
걱정하는, 염려하는

stay over
남의 집에서 하룻밤 자다 (stay–stayed–stayed)

instinct
본능, 직감
▶ by instinct 직감으로, 본능으로

for fun
재미로, 취미로

come across
특정한 인상을 주다 (come–came–come)

talk somebody into
~을 설득해서 …하게 하다 (talk–talked–talked)

intend
의도하다 (intend–intended–intended)

 **What do you like to do for fun? 취미가 뭐예요?**
취미를 물어볼 때 What's your hobby?라고 하면 꼭 취조 받는 기분이 들어요. 평범하게 취미를 물을 때는 '재미를 위해서(for fun) 평소에 뭘 하세요?'라고 하는 겁니다.

UNIT 39

STEP 3 실제론 요래 쓰여요!

우리말의 색깔 부분에 해당하는 영어 표현을 써 보세요. 정답과 영어 표현은 p.213.

1. A He _____ of me going there.
   걔는 내가 거기에 가는 걸 못마땅하게 생각해.
   B 내가 설득해 볼게.

2. A Be _____. 합리적으로 생각해.
   B 나 지금 충분히 합리적이거든.

3. A Now _____ it. 자, 그거 치워.
   B 이건 나한테 소중한 거야.

4. A 정말 그런 일이 일어날 거라고 확신해?
   B It's just _____. 그건 그저 시간 문제라니까.

5. A 그녀가 진심으로 하는 말 같았어?
   B She sounded genuinely _____.
   그녀는 진정으로 염려하는 목소리였어.

6. A What do you like to do _____? 취미가 뭐예요?
   B 음악 듣죠.

7. A How did I _____? 내 인상 어땠어?
   B 아주 좋았어.

8. A Can you _____ her _____ it?
   그녀를 설득해서 그걸 하게 할 수 있어?
   B 나한테 맡겨.

She calls me.는 '그녀가 평소에 나한테 전화 잘해.'의 뜻이에요. 그런데 She calls me a witch.처럼 뒤에 어떤 명사가 오면 이때는 '전화하다'가 아니라 '~라고 언급하다, 부르다'의 뜻이 됩니다. 그래서 두 번째 문장은 '그녀가 날 마녀라고 불러.'의 뜻이 되죠.

STEP 4 마무리

TEST 1   우리말 표현을 영어로 써 보세요.

의도하다	없애다, 치우다	재미로, 취미로
따분하고 유행에 뒤떨어진 사람	남의 집에서 하룻밤 자다	시간 문제
못마땅해하다	합리적인	스스로 대비하다, 대비시키다
특정한 인상을 주다	걱정하는, 염려하는	설득해서 ~을 하게 하다
본능, 직감	이해가 빠른 사람	해, 피해

TEST 2   우리말 표현에 맞게 동사 변화를 주세요.

못마땅해하다		못마땅해했다	
없애다, 치우다		없앴다, 치웠다	
스스로 대비하다, 대비시키다		스스로 대비했다, 대비시켰다	
남의 집에서 하룻밤 자다		남의 집에서 하룻밤 잤다	
특정한 인상을 주다		특정한 인상을 줬다	
설득해서 ~을 하게 하다		설득해서 ~을 하게 했다	
의도하다		의도했다	

come across는 '특정한 인상을 주다'의 뜻도 있지만, '우연히 마주치다/발견하다'의 뜻도 있어요.
e.g. I've never come across anyone like him. 나는 그와 비슷한 누구도 마주친 적이 없다.

UNIT 39

STEP 1 문장 쓰윽 보고 듣기

영어 문장과 우리말 해석을 편안한 마음으로 한 번만 읽어 본 후 쓰윽 들어보세요.

UNIT 40

586 **Turn off** your cell phone.
휴대전화 꺼 주세요.

587 It doesn't **comfort** me / at all.
그게 내겐 위안이 안 돼 / 조금도.

588 It makes your hands **sticky**.
그거 만지면 네 손 끈적끈적해져.

589 I'm **IM'ing** / with her.
나 채팅 중이야 / 걔랑.

590 Don't **get** your **hopes up**.
너무 기대하지 마.

591 This isn't as **weird** / as it looks.
이거 그렇게 기괴한 거 아니야 / 보이는 것처럼.

592 **Lower** your voice.
목소리 좀 낮춰.

593 I **got the picture**.
무슨 말인지 알았어.

594 He's **strict** / but fair.
그는 엄격하지만 / 공평해.

595 I **got stung** / by a bee.
나 쏘였어 / 벌한테.

596 It's **itchy**.
가려워.

597 The X-ray didn't show a **break**.
엑스레이상으로는 골절된 곳이 없었습니다.

598 **Visiting hours** are almost over.
면회 시간이 거의 끝났어.

599 I'm going to **take off**.
난 이제 그만 가 볼게.

600 That's **a shame**.
참 애석한 일이네.

STEP 2 차곡차곡 어휘 쌓기

단어와 뜻을 크게 읽으면서 영어 단어를 정성스레 써 보세요.

turn off
(전기·전자 기기를) 끄다
(turn–turned–turned)

comfort
위로하다 (comfort–comforted–comforted)

sticky
끈적거리는, 끈끈한

IM (= Instant Message)
온라인 채팅하다 (IM–IM'ed–IM'ed)

get one's hopes up
희망을 높이다, 기대하다 (get–got–got[ten])

weird
이상한, 기괴한

lower
낮추다 (lower–lowered–lowered)

get the picture
이해하다 (get–got–got[ten])

strict
엄격한

get stung
쏘이다 (get–got–got[ten])

itchy
가려운, 가렵게 하는

break
골절

visiting hour
면회 시간

take off
서둘러 떠나다, 퇴근하다
(take–took–taken)

a shame
애석한 일, 아쉬운 일

 **요건 꼭** I got the picture. = 무슨 말인지 알았어.
우리말에도 이야기를 듣고 이해했다는 의미로 '아, 무슨 그림인지 알겠어'라고 말할 때 있죠? 그 말에 꼭 들어 맞는 표현이 바로 I got the picture.입니다. 이렇게 보면 언어 사이에는 뭔가 통하는 게 있는 것 같아요^^

UNIT 40

STEP 3   실제론 요래 쓰여요!

우리말의 색깔 부분에 해당하는 영어 표현을 써 보세요. 정답과 영어 표현은 p.213.

1. A _____ your cell phone.
   휴대전화 꺼 주세요.
   B 이유를 말해 주실 수 있나요?

2. A It doesn't _____ me at all.
   그게 나한텐 조금도 위안이 안 돼.
   B 그래도 분명히 시도해 볼 만한 값어치는 있을 텐데.

3. A I'm _____ with her. 그녀와 채팅하고 있어.
   B 안 온대?

4. A This isn't as _____ as it looks.
   이게 보이는 것처럼 그렇게 기괴한 건 아니야.
   B 네 말을 믿고 싶다.

5. A 그 돈을 날릴 수는 없잖아. 무슨 말인지 알아?
   B I _____. 무슨 말인지 알았어.

6. A He's _____ but fair. 그는 엄격하지만 공평해.
   B 사람들이 그를 존경하긴 하는 거야?

7. A The X-ray didn't show a _____.
   엑스레이상으로 골절된 곳은 없었습니다.
   B 다행이네요.

8. A 지금 병원에 그 사람 면회 가도 되는 건가?
   B _____ are almost over. 면회 시간 거의 끝났어.

> **실력이 쏙!** Facebook, Twitter, Kakaotalk, Instagram 모두 대표적인 SNS들이죠? 이런 고유한 단어를 동사로 써서 관련 활동을 하는 걸 표현하기도 한답니다. IM은 어느 특정 SNS를 지칭하지 않고 온라인 채팅하는 걸 뜻하며 동사로도 쓰입니다.

STEP 4 마무리

TEST 1   우리말 표현을 영어로 써 보세요.

끈적거리는, 끈끈한	엄격한	골절
쏘이다	애석한 일, 아쉬운 일	(전기·전자 기기를) 끄다
낮추다	면회 시간	위로하다
서둘러 떠나다, 퇴근하다	이해하다	희망을 높이다, 기대하다
온라인 채팅하다	이상한, 기괴한	가려운, 가렵게 하는

TEST 2   우리말 표현에 맞게 동사 변화를 주세요.

(전기·전자 기기를) 끄다		(전기·전자 기기를) 껐다	
위로하다		위로했다	
온라인 채팅하다		온라인 채팅했다	
희망을 높이다, 기대하다		희망을 높였다, 기대했다	
서둘러 떠나다, 퇴근하다		서둘러 떠났다, 퇴근했다	
이해하다		이해했다	
쏘이다		쏘였다	

brake는 '(자동차) 브레이크'고, break가 '부러지다, 골절'의 뜻이에요.
break는 '골절', sprain은 '삠, 염좌', dislocation은 '탈구', fracture는 '뼈에 금 간 것'을 의미합니다.

REVIEW
UNIT 36-40

확인학습 다음 우리말 문장을 영어로 쓰세요.

문장 끝에 있는 번호를 찾아 답을 확인하세요.

STEP 1의 번호

1. She used to c_____ me u_____. | 529
   걔가 예전엔 나를 아주 배꼽 잡게 했었어.
2. What have you b_____ today? 오늘 어떻게 지냈어? | 532
3. Why are you in such a c_____ mood? | 534
   왜 그렇게 심하게 짜증이 나있어?
4. You're p_____ again. 네가 또 지금 싸움을 걸고 있잖아. | 539
5. P_____ me. 내 얘기 좀 잘해 줘. | 541
6. I can't g_____ it. 감이 안 잡히네. | 544
7. You can c_____ me. 나한테 다 털어놔 봐. | 548
8. I've got to r_____. 나 서둘러 움직여야 해. | 549
9. C_____, it's a little scary. | 554
   (네 말 듣고) 생각해 보니, 약간 섬뜩하긴 하네.
10. You're a rather d_____ liar. 거짓말을 꽤 능숙하게 하시는군요. | 558
11. I'll l_____ you o_____ this time. | 559
    내가 이번엔 너 봐 줄게.
12. You really o_____ today. 오늘따라 너 평소와 달리 정말 잘했어. | 563
13. She c_____ me when you're late. | 567
    네가 늦으면 걔가 나한테 난리야.
14. I think you f_____. 내 생각에 네가 그 조건에 딱 맞아, 딱. | 570
15. He d_____ of me going there. | 571
    그 사람은 내가 거기 가는 걸 못 마땅해해.
16. I'm lucky you're such a q_____. | 575
    네가 말귀를 빨리 알아들어서 다행이네.
17. B_____ yourself. 마음 단단히 먹어라. | 578
18. How did I c_____? 내 인상 어땠어? | 583
19. I'm l_____ with her. 걔랑 나 채팅 중이야. | 589
20. I g_____. 무슨 말인지 알았어. | 593
21. I'm going to t_____. 난 이제 그만 가 볼게. | 599
22. Don't g_____ your h_____. 너무 기대하지 마. | 590

다음 뜻에 해당하는 영어 단어를 쓰세요.

자세히 묘사하다, 설명하다	건너뛰다	시간을 죽이다
가려운, 가렵게 하는	적어도	칭찬
놓치다	극복하다, 이겨내다	오해
반응하다	파트타임으로	~을 탓하다
위치, 입장	우연히 엿듣다	(몸이) 건강한, 탄탄한
사회적 부적응자	만나다, 데이트하다	협조적인
아주 멍청한	시간적으로 한가한, 자유로운	시간이 있는, 여유가 있는
생각하고 있다, 마음에 두고 있다	쏘이다	대단한, 훌륭한
지배하다	우울한, 의기소침한	합리적인
혼동	~하는 동안, ~하면서	애석한 일, 아쉬운 일
(전기·전자 기기를) 끄다	A에게 전화하다	본능, 직감
이상한, 기괴한	없애다, 치우다	재미로, 취미로
따분하고 유행에 뒤떨어진 사람	남의 집에서 하룻밤 자다	시간 문제
걱정하는, 염려하는	설득해서 ~을 하게 하다	면회 시간
위로하다	엄격한	골절

ANSWERS

STEP 3 실제론 요래 쓰여요!
정답 & 해석

UNIT 1

1 A: My hands are moist with sweat. 손이 땀으로 다 젖었네.
   B: You need some tissues? 티슈 줄까?
2 A: Did you sigh? 지금 한숨 쉰 거야?
   B: It was a sigh of relief. 안도의 한숨이었어.
3 A: What should I wear? 뭘 입어야 하지?
   B: You must wear a suit to an interview. 면접에는 정장을 입어야 해.
4 A: Don't cut me off midsentence. 말하는 도중에 말 끊지 마.
   B: Sorry. 미안.
5 A: He deliberately hung up. 걔가 일부러 전화를 끊었다니까.
   B: So rude. 정말 예의 없구나.
6 A: It is illegal to talk on a cell phone while driving. 운전 중에 휴대전화 통화는 불법이야.
   B: Driving is so boring. 운전이 지루해서 그러지.
7 A: He was a big help to me. 그가 내게 큰 도움이 되었어.
   B: I'm happy to hear that. 듣던 중 반가운 소리네.
8 A: Where is your car? 네 차 어디 있어?
   B: My car is being repaired at the dealership. 내 차 영업소에서 수리받는 중이야.

UNIT 2

1 A: You can handle her. 네가 그녀를 맡아서 해결하면 되잖아.
   B: I cannot deal with her anymore. 난 저 여자 더 이상 감당 못해.
2 A: The job is not high-paying. 그 일은 보수가 안 높아.
   B: I don't care. 상관 없어.
3 A: When did you arrive? 언제 도착했어?
   B: It was a quarter to two when I arrived. 나 도착했을 때 2시 15분 전이던데.
4 A: It's a long drive. 거기 차로 한참 가.
   B: Then you should leave now. 그럼 어서 출발해.
5 A: I'm not used to this. 내가 이런 일에 익숙하지가 않아.
   B: You'll get used to it soon. 곧 익숙해질 거야.
6 A: I'm very good at judging people. 나 사람 판단하는 것 아주 잘해.
   B: Be careful not to jump to conclusions. 속단하지 않게 조심해.
7 A: Don't let me keep you from anything. 나 신경 쓰지 말고 하고 싶은 대로 해.
   B: Thank you. 고마워요.
8 A: I have nothing to do with it. 나 그 일이랑 아무 상관 없어.
   B: You don't have any evidence. 증거가 없잖아.

ANSWERS

UNIT 3

1. A: What did she think of me? 걔는 내가 어떻다고 생각했을까?
   B: She was very **impressed** with you. 걔가 너한테 완전 감동 받았어.
2. A: I'm **looking forward to** working with you. 너랑 같이 일하는 거 정말 기대된다.
   B: I am too. 나도 그래.
3. A: I almost **laughed out loud**. 나 하마터면 큰 소리로 웃을 뻔했어.
   B: He's a funny guy. 걔 진짜 웃기는 애야.
4. A: It's an **amazing** opportunity. 그거 굉장한 기회야.
   B: Do you think so? 그렇게 생각해?
5. A: It sounds **tempting**. 그 말 들으니까 구미가 당기네.
   B: I knew you would like it. 네가 마음에 들어할 줄 알았어.
6. A: Did Sarah send you a message? 사라가 너한테 메시지 보냈어?
   B: Yes. I'll **forward** you her message. 응. 너한테 걔 메시지 전달해 줄게.
7. A: You can **get in touch with** her. 네가 걔한테 직접 연락해 봐.
   B: I don't know her number. 나 걔 전화번호 몰라.
8. A: You look **familiar**. 낯이 익네요.
   B: Where did you go to college? 어느 대학교 나오셨어요?

UNIT 4

1. A: Jane looked remarkably **haggard**. Jane 완전 초췌해 보이더라.
   B: She had been sick in bed for three days. 걔 3일 동안 아파서 누워 있었잖아.
2. A: It is **worth** the wait. 그거 기다릴 만한 해.
   B: I've already been waiting for a month. 이미 한 달이나 기다리고 있다.
3. A: I **struggled** to remain calm. 나 냉정을 잃지 않으려고 이를 악물며 애썼어.
   B: Good for you. 잘했어.
4. A: **Pull** a piece of paper from the desk. 책상에서 종이 한 장만 꺼내 줘 봐.
   B: Here it is. 여기 있어.
5. A: It is such an **awesome** job! 그거 진짜 끝내주는 직업이네!
   B: But I don't like it. 하지만 난 별로야.
6. A: I **made it** downtown an hour later. 나 한 시간 후에 시내에 도착했어.
   B: There was no traffic? 차 별로 없었어?
7. A: I need to go to the **bathroom**. 나 화장실에 좀 가야 돼.
   B: Go out the door and turn right. 문 밖으로 나가서 오른쪽으로 가.
8. A: I don't **tolerate** anyone who smokes. 난 담배 피우는 사람은 누구든 못 참아.
   B: You smoke, don't you? 너 담배 피우지 않냐?

UNIT 5

1. A: Can I **keep** this? 이거 내가 가져도 돼?
   B: Keep it if you want it. 원하면 그거 너 가져.
2. A: Isn't this too expensive? 이거 너무 비싼 거 아냐?
   B: Cost is no **issue** around here. 여기에서는 비용은 전혀 문제가 안 돼.
3. A: This will never **happen** again. 앞으로 다시는 이런 일 없는 거야.
   B: Never. I'll never let it happen again. 절대로. 절대로 다시는 그런 일 없도록 하겠습니다.
4. A: You will never **imagine** what happened. 무슨 일이 있었는지 넌 상상도 못할 거야.
   B: What? Anything bad happen? 왜? 뭐 안 좋은 일 있었어?
5. A: Where are you now? 지금 어디야?
   B: I just came home **from work**. 일 끝나고 방금 집에 들어왔어.
6. A: You must pass the test. 너 그 시험에 꼭 통과해야 돼.
   B: Don't I **know** it. 그걸 누가 몰라.
7. A: Why did he turn his back on us? 걔가 왜 우리를 배신했을까?
   B: I can't **put my finger on** it. 그걸 뭐라고 딱 꼬집어서 말할 수가 없어.
8. A: I've **studied up on** the woman. 내가 그 여자를 자세히 조사해 봤어.
   B: What does she do? 직업이 뭐래?

UNIT 6

1. A: Don't take the pills **on an empty stomach**. 빈 속에 약 먹지 마.
   B: I know. 나도 알아.
2. A: It **took** me **forever** to get there. 나 거기 도착하는 데 시간이 아주 많이 걸렸어.
   B: I told you, didn't I? 내가 그럴 거라고 했잖아.
3. A: I can't find a **parking lot**. 주차장을 못 찾겠네요.
   B: You can park in front of the store. 그냥 가게 앞에 주차하시면 돼요.
4. A: The roads are **slick** with water. 도로가 물이 있어서 미끄러워.
   B: Be careful when you walk. 걸을 때 조심해.
5. A: Can you help me with this? 나 이것 좀 도와줄 수 있어?
   B: I'm **in a rush**. 내가 지금 시간이 없어. 급해.
6. A: It can happen. 그런 일이 생길 수도 있는 거잖아.
   B: Let's not **get ahead of ourselves**. 아직 일어나지도 않은 일인데 앞서가지 말자.
7. A: You didn't bring your coat? 코트도 안 가져왔어?
   B: No. I was hugging myself **against cold**. 안 가져 갔어. 나 추워서 두 팔로 몸을 감싸고 있었어.
8. A: It's quite a lot more than the **minimum wage**. 최저임금보다 훨씬 많아.
   B: Then I'll take the job. 그럼 그 일 할게.

ANSWERS

UNIT 7

1. A: Why don't you buy a new car? 자동차 새 거로 한 대 사.
   B: I **can't afford** to buy a car. 나 자동차 살 형편이 안 돼.
2. A: I don't want to **argue** with you. 나 너랑 말다툼하고 싶지 않아.
   B: You're always like this. 넌 항상 이런 식이야.
3. A: Do you **mind** if I take my jacket off? 재킷 좀 벗어도 괜찮겠습니까?
   B: No, I don't. 그럼요.
4. A: I'm not **afraid** of hard work. 저는 힘든 일을 두려워하지 않습니다.
   B: Can you start tomorrow? 내일부터 시작할 수 있겠어요?
5. A: At first I thought I had heard her **wrong**. 처음에는 내가 걔 말을 잘못 들었나 생각했어.
   B: What did she say? 걔가 뭐라고 했는데?
6. A: Do I look okay in this dress? 나 이 드레스 입으니까 예뻐?
   B: I don't want you to wear something **revealing**. 난 네가 노출이 심한 거 안 입으면 좋겠어.
7. A: How are you getting along with him? 걔랑 어떻게 잘 지내고 있어?
   B: We **get on with** each other. 우리 서로 잘 지내.
8. A: I'll tell him the truth. 걔한테 사실대로 말할 거야.
   B: You're **insane**. 너 완전히 미쳤구나, 미쳤어.

UNIT 8

1. A: What's it like? 그 일 지금 상황이 어때?
   B: It's **worse** than I thought. 내가 생각했던 것보다 더 안 좋아.
2. A: I can't keep doing it. 더 이상은 못하겠어.
   B: You can't **give up** already. 벌써 포기하면 안 되지.
3. A: What should I do? 내가 뭘 해야 해?
   B: You need to **watch** what I'm doing. 내가 지금 하고 있는 걸 잘 지켜봐야 해.
4. A: She's really **desperate** to lose weight. 걔 정말 살 빼려고 필사적이야.
   B: She's already lost a lot of weight. 이미 많이 뺐던데.
5. A: Do you drink? 평소에 술 마셔?
   B: I drink an **occasional** beer. 평소에는 맥주 가끔 마셔.
6. A: Are you **interested** in fashion? 패션에 관심 있어요?
   B: That's where my interest lies. 그게 제가 관심 두는 분야예요.
7. A: I'm **crazy** about the guy. 나 그 사람, 완전 미치도록 좋아.
   B: What do you see in him? 그 사람 뭐가 좋은 건데?
8. A: Are you **listening** to me? 지금 내 말 듣고 있는 거야?
   B: Yes, I'm listening. 그래, 듣고 있어.

UNIT 9

1. A: Why should I marry you? 내가 왜 너랑 결혼해야 해?
   B: I would never **cheat on** you. 난 절대 당신 두고 **바람** 안 **피울** 거야.
2. A: Can you meet me tomorrow? 내일 나 만날 수 있어?
   B: I don't want to **disturb** your holiday. 네 휴일을 **망치고** 싶지는 않은데.
3. A: Do you still remember that? 너 아직도 그거 기억해?
   B: It is still **fresh** in my mind. 내 마음속에 그게 아직도 **생생해**.
4. A: Did you **decide on** a name? 어떤 이름**으로 할지 정했어**?
   B: Not yet. It's not easy. 아직. 쉽지 않네.
5. A: Whose side are you on? 넌 누구 편이야?
   B: I'm **on your side**. 난 **네 편이지**.
6. A: He's over 40. 그 사람 마흔 넘었잖아.
   B: Age doesn't **guarantee** wisdom. 나이가 현명함을 **보장해 주지는** 않아.
7. A: How did she respond? 걔 반응은 어땠어?
   B: I could read the **disappointment** in her tone. 걔 말투에서 **실망감**이 읽히더라고.
8. A: Why did you ask that? 그건 왜 물었던 거야?
   B: I was just **wondering**. 그냥 **궁금해서** 그랬어.

UNIT 10

1. A: I ache all over my body. 온몸이 쑤시네.
   B: It is time to **admit** your age. 이젠 나이를 **인정할** 때도 됐어.
2. A: There's too much traffic! 차가 너무 많다!
   B: There is always **traffic** in town at this time. 이 시간에 시내는 늘 **교통량이 많아**.
3. A: What were you doing at that time? 넌 그 시간에 뭐 하고 있었어?
   B: I was **standing in line** for coffee. 커피 주문하려고 **줄 서 있었지**.
4. A: He was **sipping** his coffee. 그가 커피를 **홀짝거리며 마시고** 있더라고.
   B: I hate people who drink coffee that way. 난 그렇게 커피 마시는 사람 정말 싫더라.
5. A: I can't **figure** him **out**. 나는 걔가 정말 **이해 안 돼**.
   B: Me, neither. 나도 그래.
6. A: Do you know how to work this? 이거 어떻게 작동시키는지 알아?
   B: I don't have a **clue**. 나 전혀 모르겠어.
7. A: This is an opportunity for you to **consider**. 이건 네가 **깊이 생각해 봐야** 할 기회야.
   B: I know. 나도 잘 알지.
8. A: You must have been nervous. 너 진짜 긴장했겠다.
   B: I began to **sweat**. **땀이 나기** 시작하더라고.

UNIT 11

1. A: It should be done by tomorrow. 그거 내일까지 끝내야 해.
   B: It doesn't **make** any **sense**. 그건 말도 안 **되는** 소리야.
2. A: Your situation is **secure**. 네 상황은 **안정적이야**.
   B: Can I believe you? 네 말 믿어도 돼?
3. A: I'm a little **uneasy** about this. 난 이 상황이 좀 **불편하네**.
   B: I'll take care of it. 내가 알아서 처리할게.
4. A: How long does this battery **last**? 이 배터리 얼마나 **가요**?
   B: About six months. 6개월 정도요.
5. A: How are you **holding up**? 어떻게 잘 **견디고 있는** 거야?
   B: I'm good. 잘 지내고 있어.
6. A: Don't **expect** me to do that. 내가 그럴 거라고 **기대하지도** 마.
   B: I don't expect anything from you. 나 너한테 아무 것도 기대 안 해.
7. A: Do I have to attend the meeting? 내가 그 회의에 꼭 참석해야 해?
   B: It's your **decision**. 네가 **결정**할 문제지.
8. A: You don't look good. 너 안색이 안 좋아 보여.
   B: I'm under a lot of **pressure**. 내가 **스트레스**가 좀 심해.

UNIT 12

1. A: Is that clear? 무슨 말인지 제대로 알겠어?
   B: I'm still a little **confused**. 나 아직도 좀 헷갈려.
2. A: How was the idea? 그 아이디어 어땠어?
   B: I was **thrilled** with that idea. 그 아이디어 때문에 나 **흥분했었잖아**.
3. A: I **texted** her twice. 걔한테 두 번이나 **문자 보냈어**.
   B: But she didn't text you back? 그런데 답이 없었다고?
4. A: How was your day? 오늘 하루 어땠어?
   B: I was **rushing around** all day. 하루 종일 **급히 여기저기 다니느라** 정신이 없었어.
5. A: Stop **finding fault with** everything I do. 내가 하는 일마다 **사사건건 탓하는** 거 그만해.
   B: I just do it for you. 다 널 위해서 그러는 거야.
6. A: I **proposed** to Sarah I start a business. 내가 사업 시작하는 게 어떻겠냐고 사람에게 **제안했지**.
   B: Did she say yes to you? 그렇게 하라고 하던가요?
7. A: I was really sad to hear about that. 나 그 얘기 듣고 얼마나 슬펐는지 몰라.
   B: Hey, it's **ancient history** now. I'm over it. 뭐야, 그거 **이미 예전에 끝낸 얘기**잖아.
8. A: I don't know what I should do with this. 이걸로 뭘 어떻게 해야 되는 건지 모르겠어.
   B: Let me **handle** it. 그건 내가 **알아서 처리할게**.

UNIT 13

1. A: I made some pasta for you. 너 주려고 파스타 만들었어.
   B: It **smells** fantastic. 냄새 끝내주는데.
2. A: I fell into sleep as soon as I lay down. 나 눕자마자 잠들었어.
   B: You must have been **exhausted**. 너 굉장히 피곤했었나 봐.
3. A: I'm **having** lunch with him tomorrow. 나 내일 걔랑 점심 먹어.
   B: Can I join you? 내가 합류해도 될까?
4. A: What's the **plan** for tomorrow? 내일은 뭐 할 계획이야?
   B: I haven't made plans yet. 아직 아무런 계획 없어.
5. A: What **exactly** are you saying? 너 지금 정확히 뭐라는 거야?
   B: I don't want to say that again. 다시 말하고 싶지 않아.
6. A: I **hate** to do this to you. 너한테 이러기 정말 싫어.
   B: Then don't do this. 그러면 이러지 마.
7. A: How was Jane after hearing the news? Jane은 그 소식 듣고 어땠어?
   B: She was **grinning** from ear to ear. 걔가 좋아서 입이 귀에 걸리게 활짝 웃더라니까.
8. A: You're quiet today. 너 오늘은 말이 없네.
   B: There's not much to **tell**. 할 말이 별로 없어.

UNIT 14

1. A: Where were you at that time? 그때 넌 어디 있었는데?
   B: I was sitting outside on the **porch**. 나는 바깥 현관에 앉아 있었어.
2. A: I'll take over the job. 그 일 제가 맡아서 하겠습니다.
   B: What's the **difference**? 그런다고 뭐가 달라지나?
3. A: Did you sleep **okay**? 잘 잤니?
   B: I didn't sleep at all. 한숨도 못 잤어.
4. A: I'll fire him. 걔 해고 시킬 거야.
   B: Don't you think it's **too much**? 그건 너무 심한 거 아니야?
5. A: His cell is **off**. 걔 핸드폰 꺼져 있어.
   B: He must want to be alone. 혼자 있고 싶은가 보지.
6. A: Why do you give this to me? 이걸 나한테 왜 주는 거야?
   B: It can help you stay **focused**. 그게 네가 집중하는 데 도움이 될 수 있어.
7. A: You'd like to help me with this? 내가 이 일 하는 걸 도와주고 싶다고?
   B: Yes. I have a lot of **experience** in it. 응. 내가 그런 일에 경험이 많잖아.
8. A: Let me know if he ever **hits on** you. 걔가 너한테 수작 걸면 나한테 알려줘.
   B: Come on. Just forget it. 왜 이래. 그냥 잊어줘.

UNIT 15

1. A: Is that so serious? 그게 그렇게 심각한 문제야?
   B: Don't worry. It's just **temporary**. 걱정하지 마. 그거 그냥 **일시적인** 거야.
2. A: I didn't mean it. 내가 일부러 그런 게 아니라니까.
   B: Don't bother **denying** it. 애써 그거 **부정하지** 마.
3. A: What does your father do? 아버지는 무슨 일 하셔?
   B: I **mentioned** it to you before. 전에 너한테 그 **말** 했었는데.
4. A: I'll **probably** be working late all week. 나 **아마** 이번 주 내내 야근하게 될 거야.
   B: You must take care of yourself. 당신 건강 신경 써야 해.
5. A: Standing on one leg **improves** your balance. 한 다리로 서는 게 몸의 균형을 **좋게 해 줘**.
   B: It's a piece of cake. 그거야 식은 죽 먹기지.
6. A: I **feel like** sleeping. 정말 잠 좀 자고 **싶다**.
   B: Nobody is stopping you from sleeping. 아무도 너 잠자는 거 막는 사람 없어.
7. A: You're **angry** with me. 당신 지금 나 때문에 **화났구나**.
   B: It's not about you. 당신 때문이 아니야.
8. A: What time is your **flight**? 몇 시 **비행기**야?
   B: I don't know the exact time. 정확한 시간은 몰라.

UNIT 16

1. A: Are you all right? 너 괜찮은 거야?
   B: I'm **kind of** tired. 내가 **좀** 피곤해서.
2. A: Don't be long. 빨리 와야 해.
   B: I'll **be back** in a little while. 금방 **돌아올게**.
3. A: I can't handle my hair. 머리를 어떻게 할 수가 없네.
   B: Don't sleep with your hair **wet**. 머리 **젖은** 상태로 자지 마.
4. A: This is a very good opportunity. 이건 정말 좋은 기회야.
   B: I know. I can't **blow** this opportunity **off**. 알아. 이런 기회를 **날려 버릴** 수는 없지.
5. A: He's **intimidating**. 그는 사람이 좀 **위협적이야**.
   B: I didn't know that. 그건 내가 몰랐네.
6. A: I'm sorry I **boxed your ears** before. 전에 **네 귀싸대기 때린** 거 미안해.
   B: I don't want to talk about it. 그 얘긴 하고싶지 않은데.
7. A: What did you **think of** him? 그 사람 어땠어? (= 그 사람 네 **생각에** 어땠어?)
   B: He was gentle. 사람이 순하던데.
8. A: Why are you so **stressed**? 왜 그렇게 **스트레스를 받고** 그래?
   B: This is the last chance for me. 이게 나한테는 마지막 기회라고.

UNIT 17

1 A: I don't have money at all. 나 정말 돈 한 푼도 없어.
B: Why do you **keep** saying that? 왜 그 말을 계속 하는 거야?
2 A: You're late again. 너 또 늦었다.
B: The alarm didn't **go off**. 자명종이 안 울렸어.
3 A: She's been very **attentive**. 그녀가 계속 신경을 많이 써 줬어.
B: She's warm-hearted. 걔가 마음이 따뜻해.
4 A: You can **contact** him? 너 걔랑 연락이 돼?
B: I call him almost every day. 나 걔한테 거의 매일 전화하는데.
5 A: They're dating each other? 걔들이 사귄다고?
B: No **doubt** about it. 확실해. 의심의 여지가 없어.
6 A: What am I supposed to do? 내가 뭘 해야 하는 거야?
B: **Find out** what he wants. 걔가 원하는 게 뭔지를 알아내.
7 A: **How come** you know him? 네가 그 사람을 어떻게 알아?
B: We went to high school together. 우리 고등학교 동창이야.
8 A: I want to **grab** a drink tonight. 오늘밤에 한잔하고 싶다.
B: Meet me at the bar at eight. 그 바에서 8시에 만나.

UNIT 18

1 A: Can you **join** me for coffee? 저랑 같이 커피 한잔 할래요?
B: I'll be with you in a minute. 금방 갈게.
2 A: Your **fever** is gone. 너 열 다 떨어졌네.
B: I'm feeling much better. 몸이 한결 좋아졌어.
3 A: Can we go **bike riding**? 우리 자전거 타러 갈까?
B: Why not? 좋지.
4 A: Do you want to give it a **try**? 그거 한 번 해 볼래?
B: I'm just not so sure about that. 난 그냥 그거에 확신이 안 서서.
5 A: How do you feel now? 지금 기분 어때?
B: I'm in a good **mood**. 나 지금 기분 좋아.
6 A: You're saying this is my **fault**? 너 지금 이게 내 잘못이라는 거야?
B: I didn't say that. 난 그렇게 말하지 않았는데.
7 A: Do you **remember** what to do? 어떻게 해야 하는지 기억나니?
B: How can I forget that? 내가 그걸 어떻게 잊겠어?
8 A: Where is she now? 그녀 지금 어디에 있어?
B: She's **on her way** home. 걔 지금 집으로 가는 중이야.

UNIT 19

1. A: You have no time to exercise. 너 운동할 시간이 없구나.
   B: I want to **squeeze in** a workout. **짬 내서** 운동하고 싶긴 해.
2. A: Are you **talking to** me? 저한테 **말씀하시는** 거예요?
   B: There's no one else here. 여기 다른 사람은 아무도 없잖아요.
3. A: What's keeping you? 왜 이렇게 꾸물거려?
   B: Something's **come up**. 일이 좀 **생겼어요**.
4. A: How do you know that 그런 걸 어떻게 알아?
   B: It depends on **intuition**. 그런 건 **직감**으로 알아차리는 거지.
5. A: You don't seem to have **aged** at all. 너 조금도 **나이 먹은** 것 같지가 않다
   B: You look younger. 넌 더 어려 보여.
6. A: How did you solve the problem? 그 문제 어떻게 풀었어?
   B: It's hard to **explain**. **설명하기** 힘들어.
7. A: Why do you play tennis? 테니스를 치는 이유가 뭐야?
   B: Tennis is a great sport to **socialize**. 테니스가 **사람들이랑 교제하기** 아주 좋은 운동이거든.
8. A: What is the **point**? 네 말의 **핵심**이 뭐야?
   B: I'm asking you out. 내가 너한테 지금 데이트 신청하고 있잖아.

UNIT 20

1. A: I know you hate me. 네가 나 무지하게 싫어하는 거 알아.
   B: Don't **get** me **wrong**. 나 **오해하지** 마.
2. A: **How about** we have pizza for dinner? 우리 저녁으로 피자 먹을까?
   B: I feel like eating burgers. 난 햄버거 먹고 싶은데.
3. A: I can manage. 힘들어도 나 혼자서 잘 지낼 수 있어.
   B: I can **help**. 내가 **도움이 될 수도** 있잖아.
4. A: I'll **get** it **done**. 그 일은 내가 **마무리할게**.
   B: I trust you. 너만 믿는다.
5. A: I didn't **speak** to them very long. 나 그 사람들이랑 아주 오래 **이야기 나눈** 건 아니었어.
   B: Speaking to them is important. 그 사람들이랑 대화했다는 게 중요한 거야.
6. A: I heard it was very complicated. 문제가 아주 복잡하다던데.
   B: It's not that **complicated**. 그거 그렇게 **복잡하지** 않아.
7. A: I can't make it to the party. 난 그 파티에 참석 못해.
   B: Do you have something else **planned**? 다른 **약속** 있어?
8. A: He **had an affair**. 그가 **불륜을** 저질렀어.
   B: What makes you so sure? 왜 그렇게 확신하는 거야?

UNIT 21

1. A: By the way, why didn't you answer my phone call yesterday? 그런데 너 어제 왜 내 전화 안 받았어?
   B: Don't change the **subject**. 화제 바꾸지 마.
2. A: Can we get back on **topic**? 원래 하던 얘기 계속할까?
   B: Where were we? 어디까지 얘기했었지?
3. A: How was my presentation? 내 프레젠테이션 어땠어?
   B: You did a pretty good **job**. 너 정말 잘했어.
4. A: I didn't mean to **offend** you. 네 기분 상하게 하려던 게 아니었는데.
   B: If so, why did you say that? 그러면 왜 그런 말을 했는데?
5. A: I hate to waste time on the road. 길에서 시간 낭비하는 거 정말 싫어.
   B: **Check** the traffic report. 교통 정보 좀 확인해 봐.
6. A: I've been trying to **reach** you on your cell. 나 네 핸드폰으로 계속 연락했어.
   B: I was in a meeting. 나 회의 중이었어.
7. A: I lost my **debit card**. 나 내 체크카드 잃어버렸어.
   B: Did you call the bank? 은행에 전화는 했니?
8. A: You're making a **huge** mistake. 너 지금 큰 실수하고 있는 거야.
   B: A huge mistake? What? 큰 실수? 뭐?

UNIT 22

1. A: She's wearing a suit today. 걔가 정장을 입었네, 오늘.
   B: It's a **big day** for her. 걔한테 아주 중요한 날이잖아.
2. A: Don't let him **scare** you. 걔 때문에 겁먹지 마.
   B: I'm scared of him. 난 그 사람이 무서워.
3. A: He's **out of control**. 걔는 통제가 안 돼, 통제가.
   B: What's wrong with him? 걔가 뭐가 문젠데 그래?
4. A: I **grabbed a shower**. 나 서둘러 샤워했어.
   B: Are you in a hurry? 무슨 급한 일 있어?
5. A: The news is really **moving**. 그 뉴스 진짜 감동적이다.
   B: It makes people weep. 듣는 사람들 모두 울게 만드네.
6. A: Are you sure about that? 너 진짜 그거 확신해?
   B: I'm **guessing**. 그냥 내 추측이야.
7. A: Are you coming to the party? 너 파티에 올 거야?
   B: It **depends**. 상황 봐서.
8. A: He betrayed us? 걔가 우릴 배신한 거라고?
   B: Who knows **for sure**? 아무도 확실히 몰라.

UNIT 23

1. A: Are you going to quit the job? 그 일 정말 그만둘 거야?
   B: It's a **figure of speech**. 말이 그렇다는 거지.
2. A: It's very **tasty**. 정말 맛있네.
   B: I made it myself. 내가 직접 만든 거야.
3. A: She didn't invite me to her birthday party. 걔가 자기 생일파티에 나 초대 안 했어.
   B: Don't let it **hurt** you. 그런 일로 속상해 하지 마.
4. A: What are you so **nervous** about? 뭐가 그렇게 긴장돼?
   B: I've never sung in front of so many people. 이렇게 많은 사람들 앞에서 노래해 본 적이 없어.
5. A: Do you want to **swing by** my office? 내 사무실에 잠깐 들렀다 갈래?
   B: Not now. 다음에.
6. A: You said you would help him? 네가 그를 도와주겠다고 했다고?
   B: I was **out of line**. 내가 좀 주제넘었어.
7. A: Why did you have to do that? 도대체 왜 그런 짓을 해야만 했니?
   B: I've already **apologized**. 내가 이미 사과했잖아.
8. A: You look **thinner** in the face. 얼굴이 더 말라 보여.
   B: I exercise every other day. 하루 건너 하루씩 운동해.

UNIT 24

1. A: Will you go shopping with me? 나랑 쇼핑하러 갈래?
   B: I want to **unwind**. 나 좀 편안히 쉬고 싶어.
2. A: I told you not to do it. 내가 그러지 말라고 했지.
   B: I didn't do it **on purpose**. 내가 일부러 그런 게 아니잖아.
3. A: I won't see you again. 다시는 너 안 봐.
   B: You're **overreacting**. 너 지금 과민 반응하는 거야.
4. A: I **eavesdropped** on the conversation. 내가 그 대화를 엿들었어.
   B: So did you find out the truth? 그래서 진실을 알아낸 거야?
5. A: Have you talked to her on the phone? 걔랑 통화했니?
   B: I **Facetimed** with her. 걔랑 페이스타임했어.
6. A: I think I'm **coming down with** a cold. 내가 감기에 걸리려나 봐.
   B: You should go see a doctor. 병원에 가 봐야지.
7. A: Can you **move** your car? 차 좀 빼 주시겠어요?
   B: Please wait for a moment. 잠깐만 기다려 주세요.
8. A: How was the weather there? 거기 날씨는 어땠어?
   B: It was **pouring** rain. 아주 비가 퍼다 붓듯 내렸어.

UNIT 25

1. A: Your credit card is not **accepted**. 카드 승인이 안 나는데요.
   B: How can that be? 어떻게 그럴 수가 있지?
2. A: He got admission to Harvard. 걔 하버드 입학 허가 받았어.
   B: That doesn't **surprise** me. 전혀 놀랄 일 아니네.
3. A: I'm not American. 저 미국인 아니에요.
   B: I thought **as much**. 내가 그럴 줄 알았어.
4. A: Where are you? Everybody is here. 어디야? 다들 와 있는데.
   B: I'll be there as **quick** as I can. 가능한 한 빨리 갈게.
5. A: When are you going back to Sydney? 시드니로 언제 돌아가?
   B: I'll be **flying** back to Sydney on Tuesday. 나 아마 화요일에 시드니로 돌아가는 비행기 탈 거야.
6. A: Anything interesting in the **paper**? 신문에 재미있는 기사 났어?
   B: Water is flowing on Mars. 화성에 물이 흐른대.
7. A: Isn't this more beautiful than that? 이게 저것보다 더 예쁘지 않아?
   B: I can't **tell** the difference. 난 차이점이 뭔지 잘 구별 못하겠어.
8. A: Why did you change your mind? 왜 생각을 바꾼 거야?
   B: It's a **long story**. 얘기하자면 길어.

UNIT 26

1. A: I've already drunk five cups of coffee today. 오늘 이미 커피 다섯 잔이나 마셨어.
   B: You need to **cut back on** the caffeine. 카페인 좀 줄이셔야겠어요.
2. A: He must be getting ahead of us by now. 지금쯤이면 그가 우리를 앞지르고 있을 거야.
   B: You're pretty **perceptive**. 아주 통찰력이 있으시네요.
3. A: Can I **give** you **a hand** anything? 내가 뭘 좀 도와줄까?
   B: That would be nice. 그러면 좋죠.
4. A: Don't **look away**. 시선 피하지 마.
   B: I can't look him straight in the eyes. 걔 눈을 똑바로 볼 수가 없어.
5. A: Do you have plans for this afternoon? 너 오후에 약속 있어?
   B: I don't **have plans**. 나 별다른 약속 있지 않아.
6. A: She's been **ill-treating** her children. 그 여자가 자기 애들을 계속 학대해 왔어.
   B: She must be a psycho. 그 여자 완전 정신병자일 거야.
7. A: She keeps **bugging** me to bring you over. 걔가 너 데려오라고 나를 어찌나 계속 괴롭히는지.
   B: I'm serious. I'm not going. 진심이야. 나 안 가.
8. A: He'll **come by** for dinner. 걔가 저녁 먹으러 잠깐 들를 거야.
   B: That's why you're so happy. 그래서 네가 그렇게 기분이 좋은 거구나.

UNIT 27

1. A: You shouldn't have laughed out loud. 그렇게 크게 웃지 말았어야지.
   B: It was hard to keep a straight face. 웃음을 참기가 힘들었어.
2. A: Keep your chin down. 턱 좀 내리고 있어.
   B: I look like I've got a double chin. 나 이중 턱인 것처럼 보이잖아.
3. A: His breath smells. 걔 입에서 냄새 나.
   B: That's why they don't get close to him. 그래서 다들 걔 곁으로 다가가지 않아.
4. A: Hurry back home. 서둘러 집으로 돌아와.
   B: I've already made plans. 나 선약이 있어.
5. A: We need a few more chairs. 의자가 몇 개 더 필요한데.
   B: Let's go get a few more. 가서 몇 개 더 가지고 오자.
6. A: It can cause problems later. 그게 나중에 문제를 일으킬 수 있어.
   B: Later? I don't care. 나중에? 그건 관심 없어.
7. A: Something is wrong with this chair. 이 의자, 문제가 있네.
   B: You have to get it fixed. 너 그거 수리 받아야 해.
8. A: He's still at his office this late. 걔 이렇게 늦게까지 아직도 사무실에 있네.
   B: He must be behind in his work. 일이 밀렸나 보지.

UNIT 28

1. A: I got the flu. 나 독감 걸렸어.
   B: You need to stay home from work. 출근하지 말고 집에 있어야 해.
2. A: I've been so curious. 그 동안 너무 궁금했어.
   B: About what? 뭐가 그렇게?
3. A: I feel nauseous. 나 구역질이 나.
   B: You must have eaten something that didn't agree with you. 뭐 잘못 먹었나 보네.
4. A: Try and go easy on him. 걔 심하게 다루지 말고 살살해.
   B: I will. 그럴게.
5. A: Can I get my ears pierced? 귀 뚫어도 돼요?
   B: It's up to you. 알아서 해라.
6. A: It's freezing. 너무 춥다.
   B: You could drink something hot. 뜨거운 걸 좀 마셔 봐.
7. A: Let me buy you a drink. 제가 한잔 살게요.
   B: No, thanks. 됐어요.
8. A: I'm not a fan of beans. 난 콩 별로 안 좋아해.
   B: They're good for your health. 건강에 좋은 건데.

UNIT 29

1 A: Sorry to **bump into** your chair. 의자에 부딪혀서 죄송합니다.
   B: No problem. 아니요, 괜찮습니다.
2 A: That's no way to **treat** a lady. 숙녀를 그렇게 대하면 안 되지.
   B: You have no right to tell me what to do. 당신이 나한테 이래라저래라 할 입장은 아니잖아?
3 A: Don't let your coffee **get cold**. 커피 식기 전에 드세요.
   B: Can you make this hotter for me? 이거 좀 더 뜨겁게 해 주실래요?
4 A: What do you think comes first? 뭐가 가장 최우선이라고 생각하세요?
   B: Family **comes first**. 가족이 최우선이죠.
5 A: You shouldn't be **silent** about that. 네가 그 사실에 대해 침묵하면 안 되는 거잖아.
   B: I have nothing to say about that. 난 그것에 대해서 할 말이 없다니까.
6 A: I **went through** that once. 나도 그런 일 한 번 겪어 본 적 있어.
   B: So you're speaking from experience? 그러니까 경험에서 우러나온 말씀인 거죠?
7 A: I'm going to go upstairs and **change**. 난 위층에 올라가서 옷 갈아 입을게.
   B: I'll wait here. 여기에서 기다리고 있을게.
8 A: Your hair looks **awful**. 아니 머리가 그게 뭐야.
   B: It's blowing hard outside. 밖에 바람이 심하게 불어.

UNIT 30

1 A: Have you seen him **anywhere**? 걔 어디서고 봤어?
   B: We just saw him heading to the gym. 우리 방금 전에 걔 체육관에 가는 거 봤는데.
2 A: Sorry I **cut in** like that. 그런 식으로 말 잘라서 미안해..
   B: No, I don't mind. 아니야, 괜찮아.
3 A: You have an incredible **figure**. 몸매가 정말 대단해요.
   B: I'm flattered. 비행기 태우지 마세요.
4 A: What do you need to buy from the **bookstore**? 서점에서 뭐 사야 하는데?
   B: I just want to browse. 그냥 책들 좀 둘러보고 싶어서.
5 A: A friend in need is a fried indeed. 어려울 때 친구가 진짜 친구야.
   B: A lot of people **used to** say that. 많은 사람들이 그렇게 말하곤 했었지.
6 A: Why didn't you apply for that job? 왜 그 일에 지원 안 했어?
   B: I wasn't **prepared** at all. 난 준비가 조금도 안 됐었거든.
7 A: Why don't you sit and **relax**? 앉아서 좀 편히 쉬어.
   B: I'm snowed under with work. 나 지금 할 일이 산더미야.
8 A: Did I **wake** you? 나 때문에 깬 거야?
   B: No. I was awake. 아니야, 이미 깨어 있었어.

UNIT 31

1 A: I don't want to start **dating**. 나 데이트 시작하고 싶지 않아.
   B: You're in your late thirties. 너 지금 30대 후반이야.
2 A: I should **cancel** dinner tonight. 나 오늘 밤 저녁 약속 취소해야겠어.
   B: This is the third time for you to cancel it. 너 벌써 세 번째 취소야.
3 A: Teach me how to ski. 나 스키 타는 것 좀 가르쳐 줘.
   B: I'm not **much of** a skier. 나 스키 잘 못 타.
4 A: I won't adopt the method. 그 방법은 채택하지 않을래.
   B: It may **do** you **good**. 그게 너한테 도움이 될 지도 모르는데.
5 A: Don't stay out too late. 늦게까지 돌아다니지 마.
   B: I'll be back home **by** eight. 8시까지는 집에 돌아올 거야.
6 A: **Have** him do it. 그거 걔한테 하라고 시켜.
   B: He's not cut out for it. 걔는 그 일에 적합하지 않아.
7 A: I'm completely **over** him. 난 걔 완전히 잊었어.
   B: I know you're lying to me. 너 지금 거짓말하고 있는 거 나 알아.
8 A: He's very **convincing**. 그 사람 대단히 설득력 있어.
   B: He's more attractive than I thought. 생각보다 매력적인 걸.

UNIT 32

1 A: I have something to discuss with you. 너랑 상의할 게 좀 있어.
   B: When **suits** you? 언제가 좋겠어?
2 A: Who uses this typewriter? 이 타자기를 평소에 누가 씁니까?
   B: No one uses it **but** me. 나 말고 아무도 그거 안 써요.
3 A: I'm 10 years older than you. 내가 너보다 열 살이 많아.
   B: Stop reminding me you're **ancient**. 당신이 늙었다는 것 좀 그만 상기시켜.
4 A: Do I **reek**? 나한테 안 좋은 냄새 나?
   B: Yes, a little. 좀 그래.
5 A: I doubt I'm **her type**. 나는 그녀가 좋아하는 타입이 아닌 것 같아.
   B: What makes you say that? She's interested in you. 무슨 소리야? 걔 너한테 관심 있어.
6 A: Don't **rush into** anything. 무슨 일이든 서두르지 마.
   B: I know, but I can't help it. 아는데, 어쩔 수가 없어.
7 A: Who has done it? 그거 누가 한 짓이야?
   B: I **plead the Fifth** on that one. 그 부분에 대해서는 묵비권을 행사하겠어.
8 A: What are you **reading**? 지금 뭘 읽고 있는 거야?
   B: A new book by one of my favorite authors. 내가 제일 좋아하는 작가의 신간이야.

UNIT 33

1. A: Is it okay if I lie to him? 걔한테 거짓말해도 괜찮을까?
   B: You can't **get away with** it. 그래 놓고 네가 무사히 빠져나갈 수는 없어.
2. A: The weather is too **nasty**. 날씨가 너무 고약해.
   B: However, we should leave now. 하지만 우리 지금 출발해야 해.
3. A: Can you make it alone? 그걸 혼자 해낼 수 있겠어요?
   B: I **have butterflies in my stomach**. 정말 긴장돼.
4. A: Look outside. 밖을 좀 봐.
   B: It's **snowing** hard. 눈이 심하게 오네.
5. A: Can you come with me? 나하고 같이 갈 수 있겠어?
   B: I have other business to **attend to**. 처리해야 할 다른 일이 좀 있어요.
6. A: I'd like to lose weight. 살 빼고 싶어.
   B: You really should **knock off** the sweets. 너 정말 단 거 먹는 양을 줄여야 해.
7. A: He's **knowledgeable** about this. 걔가 이것에 대해서는 아는 게 참 많아.
   B: He knows everything. 걔는 모르는 게 없어.
8. A: How about walking to the gallery? 갤러리까지 걸어갈까?
   B: The gallery is **quite a distance** on foot. 갤러리까지 걸어가기에는 상당한 거리야.

UNIT 34

1. A: Is the book **any good**? 그 책 볼 만해?
   B: It is very interesting. 아주 흥미진진해.
2. A: Is there anything you're looking for? 찾는 게 있으세요?
   B: I'm just **browsing**. 그냥 둘러보는 거예요.
3. A: Keep it to yourself. 정말 비밀로 해야 돼.
   B: You can **count on** me. 나 믿어도 돼.
4. A: Are you okay? Should I call a taxi? 괜찮은 거야? 택시 부를까?
   B: I'm okay. Don't **fuss**. 나 괜찮아. 호들갑 좀 떨지 마.
5. A: We should **face the music**. 우리가 저지른 잘못인데 우리가 달게 받아야지.
   B: I'm so scared. 난 너무 무서워.
6. A: Let's **get it over with**. 어차피 할 일인데 내키지 않아도 빨리 해치워 버리자.
   B: I hate to do it. 그 일 하기 정말 싫어.
7. A: Don't take it **personally**. 너 때문에 그런 게 아니니까 자책하지 마.
   B: But it was my mistake. 하지만 그거 내 실수잖아.
8. A: I'm so angry and **bitter**. 정말 화나고 억울해.
   B: I know how you feel. 네 기분 내가 잘 알아.

ANSWERS

UNIT 35

1. A: Can you meet me at the bar **after work**? 퇴근 후에 그 바에서 만날까?
   B: I'll be there at seven. 7시에 갈게.
2. A: What's the **capital** of Italy? 이탈리아의 수도가 뭐지?
   B: Are you kidding? 지금 장난해?
3. A: I know I'm a **liability**. 내가 골칫덩어리라는 거 나도 잘 알아.
   B: Don't say that to me. 나한테 그런 소리 마.
4. A: He's going to make it. 걔는 분명히 해낼 거야.
   B: You sound very **certain** about that. 아주 확신에 차서 얘기하네.
5. A: What do you think of the theory? 그 이론, 어떻게 생각해?
   B: It is not **founded** in fact. 그게 사실에 기반한 게 아니잖아.
6. A: There is money in that business. 그 비즈니스는 분명히 돈이 돼.
   B: Don't **be** so **sure of** that. 그걸 너무 확신하지 마.
7. A: He doesn't drink? 걔 술 안 마셔?
   B: He doesn't drink for **religious** reasons. 종교적인 이유 때문에 걔 술 안 마셔.
8. A: Do you know of her? 너 저 여자에 대해서 잘 알아?
   B: Yes. She's famous for being **unpredictable**. 응, 예측 불가능한 걸로 유명해.

UNIT 36

1. A: Why did it happen? 왜 그런 일이 생긴 거야?
   B: It's hard to **describe**. 뭐라고 설명하기가 힘들어.
2. A: How did you **react**? 넌 어떻게 반응했어?
   B: I just ran away. 그냥 도망갔지.
3. A: Is she funny? 걔 재미있어?
   B: She used to **crack** me **up**. 예전엔 걔가 나를 아주 배꼽 잡게 했었어(근데 지금은 아니야).
4. A: Why don't you **at least** try a bite? 적어도 한 입이라도 좀 먹어 보지 그래?
   B: I'm allergic to eggs. 나 계란 알레르기 있어.
5. A: What are you doing here? 너 지금 여기서 뭐 해?
   B: I'm just **killing time**. 그냥 시간 죽이고 있는 중이야.
6. A: Why are you in such a **cranky** mood? 왜 그렇게 심하게 짜증이 나 있어?
   B: He went back on his word. 그 자식이 말을 번복하잖아.
7. A: You can **skip** a day. 하루쯤 건너뛰어도 돼.
   B: No. I have to practice every day. 안 돼. 매일 연습해야 해.
8. A: You're **missing** the point. 지금 핵심을 놓치고 있잖아.
   B: Am I? Sorry. 그런 거야? 미안.

UNIT 37

1. A: I'm meeting him tomorrow. 나 내일 그 사람 만나.
   B: **Put in a good word for** me. 내 얘기 좀 잘해 줘.
2. A: Why doesn't he understand me? 걔는 왜 내 말을 이해 못할까?
   B: He's always been **clueless**. 걔 늘 보면 애가 아주 멍청해.
3. A: I can't **get the hang of** it. 감이 안 잡히네, 감이.
   B: It's hard to understand for beginners. 그게 초심자에게는 이해하기 어려운 거야.
4. A: How do you stay so **fit**? 어떻게 그렇게 탄탄한 몸을 유지하는 거야?
   B: I'm on a diet and work out every day. 식이요법도 하고 매일 운동하니까요.
5. A: I can't keep my emotions in check. 감정을 더 이상 억제할 수가 없어.
   B: You can **confide in** me. 나한테 다 털어놔 봐.
6. A: I'm a **social misfit**. 난 사회 부적응자야.
   B: I don't think so. 난 그렇게 생각 안 해.
7. A: Are you free now? 너 지금 시간 좀 있어?
   B: I have an hour **free**. 나 한 시간 여유 있어.
8. A: What he said yesterday was a little frightening, wasn't it? 걔가 어제 한 말 좀 무섭지 않았어?
   B: **Come to think of it**, it's a little scary. 생각해 보니, 약간 섬뜩하긴 하네.

UNIT 38

1. A: A million girls would kill for this. 지금도 수없이 많은 여성들이 이 일을 간절히 원하거든.
   B: I didn't realize I had so much **competition**. 그렇게 경쟁이 심한지 미처 몰랐네.
2. A: Don't **dominate** the conversation. 대화할 때 혼자만 떠들고 그러지 마.
   B: All of you don't say anything. 너희들이 아무 말을 안 하니까 그렇지.
3. A: You're a rather **deft** liar. 거짓말을 꽤 능숙하게 하시는군요.
   B: Less deft than you. 당신보다야 덜하겠지.
4. A: I'll **let** you **off** this time. 이번엔 제가 봐 드리죠.
   B: How dare you say that to me! 감히 나한테 그런 식으로 말하다니!
5. A: It's such a **gorgeous** magazine. 그거 완전 대단한 잡지야.
   B: I have a different idea. 내 생각은 좀 다른데.
6. A: How did you like me today? 오늘 나 어땠어?
   B: You really **outdid yourself** today. 오늘따라 정말 잘했어.
7. A: Do you want to know what she likes and where she hangs out? 걔가 뭘 좋아하고 어디를 주로 다니는지도 알고 싶은 거야?
   B: I'm **uninterested** in such details. 나는 그런 시시콜콜한 것엔 관심 없어.
8. A: Can we talk **over** dinner? 저녁 식사하면서 얘기 좀 할 수 있어?
   B: Sounds good. 그거 좋지.

UNIT 39

1. A: He **disapproves** of me going there. 걔는 내가 거기에 가는 걸 못마땅하게 생각해.
   B: Let me persuade him. 내가 설득해 볼게.
2. A: Be **rational**. 합리적으로 생각해.
   B: I'm rational enough. 나 지금 충분히 합리적이거든.
3. A: Now **remove** it. 어서 그거 치워.
   B: This is valuable to me. 이건 나한테 소중한 거야.
4. A: Are you sure it's going to happen? 정말 그런 일이 일어날 거라고 확신해?
   B: It just **a matter of time**. 그건 그저 시간 문제라니까.
5. A: Did she sound serious? 그녀가 진심으로 하는 말 같았어?
   B: She sounded genuinely **concerned**. 그녀는 진정으로 염려하는 목소리였어.
6. A: What do you like to do **for fun**? 취미가 뭐예요?
   B: I listen to music. 음악 듣죠.
7. A: How did I **come across**? 내 인상 어땠어?
   B: You came across very well. 아주 좋았어.
8. A: Can you **talk** her **into** it? 그녀를 설득해서 그걸 하게 할 수 있어?
   B: Leave it up to me. 나한테 맡겨.

UNIT 40

1. A: **Turn off** your cell phone. 휴대전화 꺼 주세요.
   B: Can you tell me the reasons? 이유를 말해 주실 수 있나요?
2. A: It doesn't **comfort** me at all. 그게 나한텐 조금도 위안이 안 돼.
   B: But it must be worth a try. 그래도 분명히 시도해 볼 만한 값어치는 있을 텐데.
3. A: I'm **IM'ing** with her. 그녀와 채팅하고 있어.
   B: She isn't coming? 안 온데?
4. A: This isn't as **weird** as it looks. 이게 보이는 것처럼 그렇게 기괴한 건 아니야.
   B: I'd like to believe you. 네 말을 믿고 싶다.
5. A: We won't say goodbye to the money. You got that? 그 돈을 날릴 수는 없잖아. 무슨 말인지 알아?
   B: I **get the picture**. 무슨 말인지 알았어.
6. A: He's **strict** but fair. 그는 엄격하지만 공평해.
   B: People respect him? 사람들이 그를 존경하긴 하는 거야?
7. A: The X-ray didn't show a **break**. 엑스레이상으로 골절된 곳은 없었습니다.
   B: Happy to hear that. 다행이네요.
8. A: Can I visit him in the hospital now? 지금 병원에 그 사람 면회 가도 되는 건가?
   B: **Visiting hours** are almost over. 면회 시간 거의 끝났어.

INDEX

A

a big day	109
a big help	17
a double chin	131
a figure of speech	113
a long drive	21
a long story	121
a matter of time	183
a parking spot	17
a quarter to two	21
a quick study	183
a shame	187
a sigh of relief	17
a social misfit	175
a stay-at-home mother	51
about	83
accept	121
accompany	105
adjust	69
admit	55
advice	61
afraid	43
after work	165
against the cold	39
age	95
agonize	25
all over	117
amazing	25
ancient	153
ancient story	65
angry	77
any good	161
anywhere	143
apologize	113
appointment	69
appreciate	77
argue	43
as much	121
as well	51
ask	127
at least	171
attend to	157
attentive	87
available	175
avoid	21
awake	135
awesome	29
awful	139

B

back	33
barely	87
bathroom	29
be back	83
be hard on	99
be into	165
be supposed to	105
be sure of	165
be up to	171
be used to	21
best	69
big deal	157
bike riding	91
bite	153
bitter	161
blame	171
blow ~ off	83
blur	135
bookstore	143
bother	47
box one's ears	83
brace	183
braces	131
break	187
bring up	65
bring	17
browse	161
bug	127
bum	135
bump into	139
bumper to bumper	61
busy	95
but	153
buy	135
by	149

C

call	25
can't afford	43
can't wait for	39
cancel	149
capital	165
catch up	95
cause	131
certain	165
change	139
change	77
cheat on	51
check	105
checkup	61
chill out	109
choice	21
choose	55
clue	55

214 ANSWERS

clueless	175	cut in	143	drive	65
coincidence	87	cute	135	drop A off	17
collar	39				
come across	183				
come by	127	**D**		**E**	
come down on	179				
come down with	117	date	149	eavesdrop	117
come first	139	day	99	embarrassing	83
come to think of it	175	deal with	21	emergency	73
come to	33	debit card	105	exactly	69
come up	95	decide on	51	example	153
comfort	187	decision	61	excited	83
company	143	deft	179	exhausted	69
competition	179	delay	153	expect	61
complain	121	deliberately	17	experience	73
complicated	99	delicious	171	explain	95
compliment	175	deny	77		
concerned	183	depend	109		
confide in	175	depressing	135	**F**	
confused	65	depression	39		
consider	55	describe	171	face the music	161
contact	87	deserve	149	FaceTime	117
convenient	87	desperate	47	familiar	25
convince	51	die	105	fan	135
convincing	149	difference	73	far from	47
cook	143	different	117	fault	91
cooperative	175	disappointed	117	favor	135
could use	105	disappointment	51	feel like	77
count	95	disapprove	183	fever	91
count on	161	disaster	105	figure	143
cover	33	disturb	51	figure out	55
crack somebody up	171	do	83	find fault with	65
cranky	171	do A good	149	find out	87
crazy	47	dominate	179	finish	65
crime	149	doubt	87	first thing in the morning	43
curious	135	down	179	fit	175
cut back on	127				

fit the bill	179	get the picture	187	have nothing to do with	21
fix	131	give A a call	179	have plans	127
flight	77	give A a hand with B	127	have someone over	121
fly	121	give A thought	39	head	77
focused	73	give up	47	hear from	87
for a while	47	glad	91	hectic	29
for fun	183	go crazy	91	help	99
for sure	109	go easy on	135	helpful	157
forward	25	go off	87	hide	51
found	165	go through	139	high-paying	21
freak out	113	good-looking	143	hit on	73
free	175	gorgeous	179	hold up	61
freezing	135	grab	87	hopeless	117
fresh	51	grab a shower	109	How about ~?	99
fridge	39	grab	33	how come	87
frigid	29	grin	69	huge	105
from work	33	groggy	131	hurry	131
fun	65	guarantee	51	hurt	113
furious	113	guess	109		
fuss	161	gulp	69		
future	139				

H

I

haggard	29	illegal	17
handle	65	ill-treat	127

G

		happen	33	IM(= Instant Message)	187
get	131	hardly	47	imagine	33
get A done	99	harm	183	immediately	43
get A wrong	99	harsh	43	impressed	25
get ahead of oneself	39	hate	69	impression	179
get away with	157	have	149	improve	77
get cold	139	have	69	in	61
get fixed up	161	have a crush on	121	in a rush	39
get in touch with	25	have a talk	127	in return	165
get it over with	161	have an affair	99	in sight	143
get on with	43	have butterflies in one's stomach1	57	increase	17
get one's hopes up	187			influential	21
get over	171	have in mind	179	informed	99
get softer	95	have no idea	127	insane	43
get stung	187			instinct	183
get the hang of	175			intend	183

intention	149
interest	21
intimidating	83
intuition	95
iron	43
issue	33
itchy	187

J

jealous	91
job	105
join	91
judge	21

K

keep	87
keep A posted	143
keep a straight face	131
keep in contact	61
keep someone from ~	21
keep	33
kill time	171
kind of	83
knock off	157
know	33
knowledgeable	157

L

lap	161
last	61
late for	113
laugh out loud	25
leftover	77
let out	95

let somebody off	179
liability	165
lie	47
lift	99
like	73
listen	47
look away	127
look forward to	25
look over one's shoulder	55
look sideways at	39
lost for words	43
lower	187

M

make it	29
make light of	131
make sense	61
make time	139
make up one's mind	165
make	157
make-up	25
match	121
matter	99
mean	47
meaningful	109
meaningless	139
meeting	77
mention	77
midsentence	17
mind	33
mind	43
minimum wage	39
miss	171
misunderstanding	171
mix-up	179
moist	17
mood	91
move	117

moving	109
much of	149

N

nap	153
nasty	157
nauseous	135
nerd	183
nervous	113
no wonder	139
noisy	47
nonstop	121
notice	61

O

occasional	47
off	73
offend	105
okay	73
on a walk	113
on an empty stomach	39
on one's best behavior	127
on one's mind	139
on one's side	51
on one's way	91
on purpose	117
on the phone	109
on the right track	121
one's type	153
original	99
out of control	109
out of here	135
out of line	113
out of one's mind	29
outdo oneself	179
over	149

over	179	pull over	29	right beside	91
over	73	pull	29	rough	113
overhear	175	pursue	43	rumor	105
overreact	117	push open	21	run	175
		put in a good word for	175	rush around	65
		put one's finger on	33	rush into	153

P

Q

S

package	153				
packed	83				
panic	131	question	109	sad	165
paper	121	quick	121	say	55
park	117	quiet	55	scare	109
parking lot	39	quit	51	secret	157
part-time	171	quite	73	secure	61
pass out	33	quite a distance	157	see	175
passionate	99			sell short	153
past	165			serious	47
pee	161			shaky	17
perceptive	127	## R		shift	55
personally	161	rational	183	shock	51
pick a fight	171	reach	105	shy	77
pick up speed	17	react	171	sick and tired of	113
pierce	135	read	153	side	69
plan	69	realize	95	silent	139
planned	99	recession	39	sip	55
play	87	redesign	153	skip	171
plead the Fifth	153	reduce	105	sleep on	139
pleased	83	reek	153	sleepy	69
pleasure	87	relationship	143	slick	39
point	95	relax	143	smart	131
point	25	reliable	143	smell	131
porch	73	religious	165	smell	69
position	175	remember	91	snow	157
pouring	117	remind	73	socialize	95
prepared	143	remove	183	sound	69
pressure	61	repair	17	sound like	109
pretty much	127	respect	113	speak	99
probably	77	revealing	43	speaker	91
propose	65	revolving door	29	spend	91

spike	117	tell	121	upset	65		
spill the beans	161	tell	69	urgent	157		
square	21	temper	29	used to	143		
squeeze in	95	temporary	77				
stand	149	tempting	25				
stand in line	55	terminal	161	**V**			
startle	55	terrific	121				
starving	109	text	65	via	157		
stay	73	that far away	25	visiting hour	187		
stay home from work	135	think of	83				
stay over	183	think over	165				
sticky	187	thinner	113	**W**			
stop by	95	thin-skinned	109				
stressed	83	this late	131	wake	143		
stressful	65	thrilled	65	walk	73		
strict	187	tolerate	29	watch	47		
struggle	29	too ... to ~	149	weekly	43		
study up on	33	too much	73	weird	187		
subject	105	topic	105	well	87		
suit	153	torture	149	wet	83		
suit	17	toss on	91	What for?	127		
suppose	25	traffic	55	What if ~?	83		
surprise	121	treat	139	why	161		
sweat	55	trust	127	wipe	55		
swing by	113	try	91	wonder	51		
		turn off	187	work out	61		
		turn	17	workout	77		
T		turn	25	worry	51		
				worse	47		
take (A) forever	39			worth	29		
take a closer look	131	**U**		would	65		
take off	187			wrong	43		
take pictures	21	unaware	29				
take the day off	117	uncomfortable	149				
take up	157	under age	161	**Y**			
take	33	uneasy	61				
talk somebody into	183	unfair	139	yucky	165		
talk to	95	uninterested	179				
tasty	113	unpredictable	165				
tease	131	unwind	117				

〈위대한 매일 영어 **회화 어휘**〉 시리즈는 계속됩니다.